JN236791

東大生が書いた
やさしい株の教科書

東京大学株式投資クラブAgents

インデックス・コミュニケーションズ

はじめに

「東大生のくせして、株なんて親不孝だ」

　私たちは、このような声をときどき耳にします。皆様の中にも、株式投資に多少の興味を持ちながらも株式投資などただのギャンブルであるとか、富裕層の娯楽であるなどといった否定的なイメージをお持ちの方も多いのではないでしょうか。

　実際、私たちが"投資クラブ"を作る際にも、「興味はあるが、お金がない」あるいは「経済のことはまったくわからないから無理だ」と言って参加を見送った友人が多くいました。しかし、現実には数万円程度のお金さえあれば株式を購入することができます。我々も、アルバイト代を少しずつ貯めて、1人7万円ずつ出し合っているにすぎません。

　また、株式市場とは経済・政治・その他世界情勢の動向を敏感に織り込んだものです。したがって、株式投資を行うということは、経済を中心としたその他諸々を含めた世界情勢に直に触れるということだと言えます。「経済がわからないから株をやらない」でなく、「経済がわからないからこそ株をやって経済を学ぶ」ことができるのです。

　今、本書を手にされた方は、そんな株式投資という世界に少なからず興味を抱いている方だと思います。本書は、「今までの株式に関する本にはいろいろ書きすぎていて、何を基準にして投資をすればいいのかわからない」「堅苦しい文章では読む気がしない」といった声に合わせ、必要な情報を会話体を中心とした読みやすいスタイルで提供したものです。皆様にとって、株式投資という新たな世界への旅立ちの一助となることを願っております。

　本書を書き下ろすにあたって、株式会社JASDAQ会長の永野紀吉氏、エグゼトラスト投資顧問の津田栄氏、Sow Corporation(ソウ　コーポレーション)代表取締役社長西村琢氏、そして学生ながらこのような出版の機会を与えてくださったインデックス・コミュニケーションズの川辺秀美氏には大変お世話になりました。心から感謝の意を表したいと思います。

東京大学株式投資クラブAgents一同
http://www.agents7.com/

目 次

- はじめに *1*
  「東大生のくせして、株なんて親不孝だ」
- プロローグ *6*
- 本書の主な登場人物 *8*

第1章　株ってナンダ？　　　　　　　　　　　　　　　　　*9*

1時間目：What is 株？ *10*
株は、たぶー？／Why do they do 株！？

2時間目：投資家は株のメリットをお見通しか！？ *14*
利益を還元"配当"／株の醍醐味"キャピタルゲイン"／要するにオマケ"優待"／株主の権利"経営参加"／流動性UP"株式分割"

3時間目：株式市場ってどんなとこ？ *18*
株式市場というフィールドとルール／株式市場のプレイヤー

4時間目：実際に買う前に *23*

5時間目：戦略と一貫性 *25*

第2章　良い銘柄・悪い銘柄ってドコを見るの？　　　　　*29*

1時間目：企業の体力をチェックしよう *30*
損益計算書（PL：Profit And Loss Statement）／貸借対照表（BS：Balance Sheet）／連結決算

2時間目：各種指標の使い方、企業の収益性その他をつかもう *39*
PER（株価収益率）／PBR（株価純資産倍率）／ROE（株主資本利益率）

3時間目：企業の動きを捉えよう *44*
企業の特徴をつかむ／業績を変えうる要因／資本政策

4時間目：チャートの分析 *50*
ローソク足／トレンドライン・抵抗線・移動平均線／出来高／格付け

- コラム1　株式投資とは「自立する個人の育成」 *56*

第3章　株が上がったり下がったりするのはナニが基準？	57

- 1時間目：バブルって何？ … 58
- 2時間目：景気・経済指標 … 60
- 3時間目：金利 … 64
- 4時間目：為替 … 68
- 5時間目：政治・国際情勢 … 71

株レラ先生からの宿題　～情報の集め方～ … 73

1. 日経新聞の読み方 … 74
   ☆構成／☆証券面の見方
2. 業界展望・業界動向 … 77
3. 株を買う上での情報収集の手段 … 80
   ☆『会社四季報』の読み方／☆雑誌／☆インターネット

第4章　株式ゲームの時間です！	85

- ～ゲームのルール説明～ … 86

「常識力」

- **Case1**　株のメリットとは？（難易度　★☆☆☆☆）… 89
- **Case2**　証券会社の選び方（難易度　★★☆☆☆）… 91
- **Case3**　株式用語（難易度　★★★☆☆）… 93
- **Case4**　ミニ株（難易度　★★★☆☆）… 95
- **Case5**　株にまつわる疑問・質問（難易度　★★★☆☆）… 97

「業績分析力」

- **Case6**　指標を利用した銘柄選び（難易度　★★★☆☆）… 99

Case7　決算を予測せよ！（難易度　★★★☆☆）・・・・・・・・・・・・・・・・101
Case9　売り・買いラインの設定（難易度　★★☆☆☆）・・・・・・・・・103
Case9　財務諸表の見方（難易度　★★★☆☆）・・・・・・・・・・・・・105
Case10　銘柄絞り（難易度　★★★☆☆）・・・・・・・・・・・・・・・107

「チャート分析力」
Case11　チャートの基本（難易度　★☆☆☆☆）・・・・・・・・・・・・109
Case12　移動平均線と乖離率（難易度　★★☆☆☆）・・・・・・・・・・111
Case13　移動平均線を見る（難易度　★☆☆☆☆）・・・・・・・・・・・113
Case14　出来高を見る（難易度　★★★★☆）・・・・・・・・・・・・・115
Case15　信用取引高を見る（難易度　★★★★★）・・・・・・・・・・・117

「企業内分析力」
Case16　株式分割に注意しよう（難易度　★★★★☆）・・・・・・・・・119
Case17　市場変更（難易度　★★☆☆☆）・・・・・・・・・・・・・・・121
Case18　増資（難易度　★★★★☆）・・・・・・・・・・・・・・・・・123
Case19　減資（難易度　★★★★★）・・・・・・・・・・・・・・・・・125
Case20　自社株買い（難易度　★★★★☆）・・・・・・・・・・・・・・127

「企業外分析力」
Case21　海外情勢の影響（難易度　★★★★☆）・・・・・・・・・・・・129
Case22　為替と株の関係（難易度　★★★☆☆）・・・・・・・・・・・・131
Case23　買収した会社に注意せよ（難易度　★★★★☆）・・・・・・・・133
Case24　金利と株価の関係（難易度　★★★★☆）・・・・・・・・・・・135
Case25　ニューヨーク証券取引所との関係（難易度　★★★★☆）・・・・137

「応用力」
Case26　権利落ち日に注意せよ！（難易度　★★☆☆☆）・・・・・・・・139

Case27	ニュースからの連想（難易度　★☆☆☆☆）	141
Case28	関連企業への影響（難易度　★★☆☆☆）	143
Case29	株のトレンド（難易度　★★★☆☆）	145
Case30	PERにだまされるな！！（難易度　★★★★☆）	147

解答欄　149

アドバイス　150

コラム2　「株心」とは　152

第5章　銘柄選択のリアル　153

トヨタ　～ファンダメンタル分析～　167

トヨタ　～テクニカル分析～　170

花王　～ファンダメンタル分析～　173

花王　～テクニカル分析～　176

シャープ　～ファンダメンタル分析～　178

シャープ　～テクニカル分析～　181

三つ巴の銘柄選択　182

＜2003年12月のリアル＞　187

第6章　負けない投資法　191

コラム3　「No fun No gain」　196

おわりに　Agentsから読者の皆さんへ　～株式投資の意味～　197

索引　198

装画－渡辺鉄平
装丁－紺谷宏明（広告農場）
DTP－アトリエ渋谷

プロローグ

　これから紹介する3人は、オムニバス特別講義「こんな時代に株、ナシですか？」を受けようとしている大学生です。変わった講義を受けるんだな、なんて思わないでくださいね。現在、株式市場において個人投資家は確実に増えていますし、資産も自己責任で運用する時代です。いまや大学生どころか高校生・中学生のうちからでも株式を学ぶべき時代だと言っていいでしょう。だからといって「大人の方はもう遅いよ」なんてわけはもちろんありません。株を通じて社会・経済の流れを読み解き、自社の分析とかもできるかも♪　必要なことを基礎からしっかり教えてくれるこの講義で、3人と一緒に株式について学んでいきましょう。

遊太くん

　大学入学のため上京してきた、20歳の関西人で、ちょっとおふざけ好きな悪ガキタイプ。高校時代は、大阪のとある学校にて、サッカー部だった。スポーツは万能で外見もいいので、黙っていればモテるのに、いつも一言多いためか、たいていの女の子とは友だち関係までしかいかないようだ。しかし、一応彼女はいるようで、カップル2人でいるときは、笑い声と、彼女がつっこんだときに鳴る、「ばしっ」という音しか聞こえないらしい。皆はその彼女に対して「物好きだ……」と言っている。金というものが大好きで、お金が儲かりそうなものは軽く一通り学んでいるので、株式にはけっこう詳しい。ちなみに親は株で失敗した経験があるらしく、株式投資に対しては結構反対しているらしい。

勤くん

今まで真面目に勉強し、リスクを避けて安定した人生を歩んできた勤くん。中高を東京の私立一貫校で過ごし、弁論部でその論理的思考を鍛えた。そのため理論に基づき合理的なのだが、それゆえの自信が負けず嫌いな彼の性格にもつながる。また、ときに自分の考えと現実が食い違ったり、思い込みが激しくなると、急に視野が狭くなり猪突猛進型に変身!? 株に関してはこの超低金利の時代、預貯金より利回りがいいということから始めることを決意。安定した資産運用で手堅く稼ぐことを目指す。

彩ちゃん

株についてはまったくの初心者で、投資に対して少し怖いイメージを持っているものの、持ち前の好奇心から学ぶことにした。彼女は、その優しそうな雰囲気からは予想しがたい大胆さを持ち合わせており、周りをあっと驚かせることも少なくない。高校時代は、吹奏楽部に所属していて県の大会で優勝した経験を持つ。実は、中学校まではパリに住んでいて英語とフランス語の達人でもある。こんな才能豊かな彼女だが、かわいらしい天然ボケも発揮したりして、周りの男性のさらなる注目を集めている。

◎本書の主な登場人物◎

生徒
- →遊太
- →勤
- →彩

先生
- →金七（第1章、第4章）
- →紀香（第2章）
- →株レラ（第3章）

第1章　株ってナンダ？

金七先生の紹介

　38歳。金八先生をTVで見て、彼に憧れて教師になった。しかし、今一歩何かが足りない。そしてどこか陰を持っている。
「『人』という字は両方が支え合っている。助け合い、協力していくのが人間だ」と昔、生徒に教えていた。
しかし、今では、「『人』という字は両方が支え合っているように見えるが、明らかに長い線の方が楽をしている！　人間は孤独だ……」と教えている。
彼に何があったかは、過去を話したがらないため不明である。

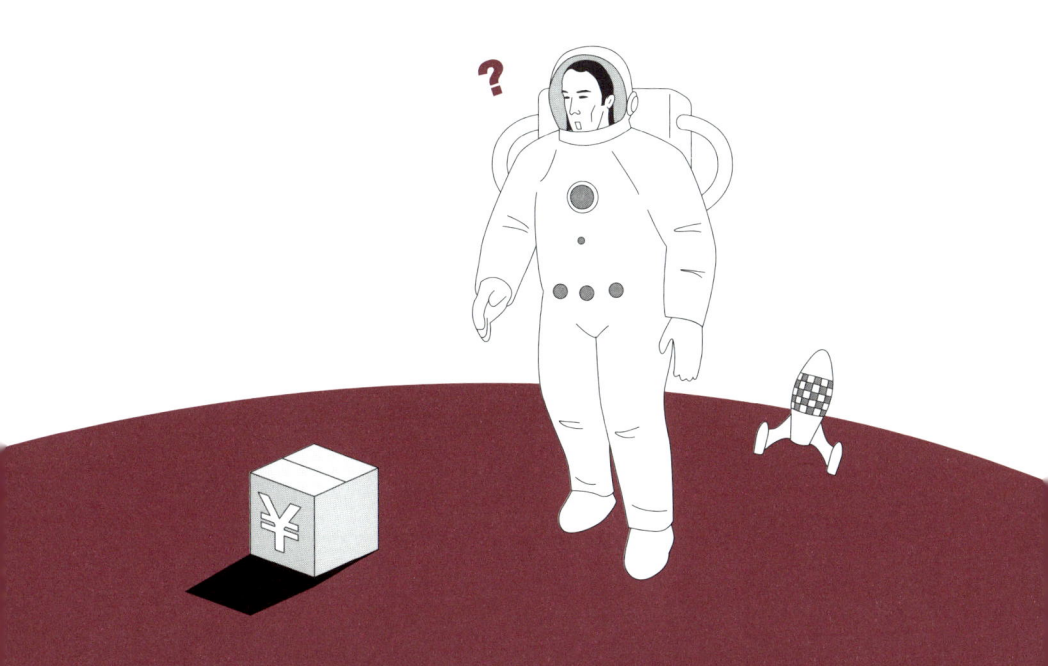

1時間目：What is 株？

株は、たぶー？

金七　じゃあ、早速だけど、株ってそもそもどんなものか考えていこうか。株って聞いてどんなイメージが浮かぶ？

遊太　やっぱ金儲けやね。

彩　うーん、何か遠い存在です。どうやって勉強したらいいかもわからないし……。

勤　博打的で危険なイメージです。

　　そうだね。何でもそうだけど物事には必ず**良い面と悪い面がある**。株も同じだ。上手く使えば**資産運用のいいツール**となり得る。一方、下手な関わり方をするとお金を大量に使い込んだ挙句、借金を背負う羽目になり、奥さんと子供にも逃げられて、たくさんいた友だちが手のひらを返したような態度をとるようになって……孤独に……。

　　（何か随分リアリティのある話し方だなぁ……）

　　まぁ、ちゃんと勉強して自分なりのルールを確立すれば、株は必ず君たちの役に立つ。それに社会と関わる中でも株は必要不可欠なものになってくるよ。じゃあ、これから具体的に話していこう。

◇一般的な株のimage！
　・博打的・危険などといったマイナスのイメージ。
　・難解でとっつきにくいイメージ。
　・金儲け。

◇実際の株取引
　・資産運用として有益なツール。
　・社会・経済の勉強になる。
　・ただし、下手な関わり合い方をすると危険である。

Why do they do 株!?

- 株はどこから発行されているものだか知っている？　はい、遊太くん。
- 畑です。
- 一生耕してなさい。はい、勤くん。
- 株式会社です。
- そうだね。じゃあ、何で株式を発行するかわかるかな？　はい、遊太くん。
- ノリで。
- 窓から飛び降りてよし。次。
- （なんで漫才してるのよ……）
- うん？　誰もわからないか。じゃあ、話を続けよう。まず、株式っていうのは**『株式会社における出資者の持分を明らかにする有価証券』**と定義できる。
- 意味不明なんですけど……。
- 会社が新しい事業を開始するにはかなりの資金が必要となる。これを自分だけで用意するっていうのは大変なことだよね。だから他人の手を借りるんだ。
- 銀行から借りるってことですよね。そういえば、借入に関して貸し渋りや貸し剥がしとか問題になってますよね。
- 貸し渋り？　貸し剥がし？　なんなの、それ？
- 貸し渋りっていうのは、銀行が企業に資金を貸す際に、企業の返済能力に不安感を抱き、貸すのをしぶるってこと。一方、貸し剥がしは、銀行が企業に対して、貸していたお金を急に返せって言うことや。
- そうだね。よく知っているじゃないか。企業が事業資金を調達する1つの手段としては、さっき遊太くんが言ったとおり銀行や他から借りるというのがあるね。これを**借入**という。そして大きく分けてもう1つの方法がある。これが**出資**というんだ。この2つの差がわかるかな？
- 出資には返済の必要がありません。
- そう、出資と借入との決定的な差は**返却しなくていい**ということなんだ。借入は返済が前提だけど、出資には返済の義務はない。株式発行はこの

出資を募るための手段なんだ。
- まだよくわからないわ……。
- 出資というのは企業に資金を提供し返済してもらう代わりに、提供した金額に応じて会社の権利の一部を譲渡してもらうんだ。つまり企業は出資してもらう代わりに株式を出資者に発行する。そして**出資者（＝株主）は会社の権利の一部を所有する**。この権利の証明書を**株式**っていうんだ。
- えっ、つまり**株式会社は株主みんなのモノ**ということですか!?　会社は社長さんのものじゃないってことですか!?
- その通り。君が株式を保有すればその**会社の一部は君のもの**になるんだ。本来はそうなんだけどねぇ……。日本では昔から社長以下役員の力が強くて、株主の権利や立場っていうのは軽視されてきたんだよね。『1,000万株のうち1,000株持ったって会社の1万分の1にすぎねぇや』みたいな感じで。まぁ、最近は小株主に対する対応も良くなってきているけど。
- そうなのか。僕がトヨタの株を持てばトヨタという企業の保有者の一員になれるんだ!!　何か株を勉強しようという気がしてきました!!
- そう、そうなんだよ。株主は会社の保有者なんだよ。あのときあの企業も俺の意見を少しは参考にしてあんな事業に手を出さなきゃ俺はあんな目に遭わなかったのに……。ブツブツ。
- （この先生まさか……）
- おっと。ついついぼやいてしまった。要するに企業が株式を発行する、そして上場するというのは広く資金を集めようという、**資金調達**を目的とした行動なんだよね。
- すいません、株式を発行する意味はわかったのですが、上場とはどういう意味ですか？
- 日本では、企業が資金を広く集めやすくするために証券取引所というものを設けているんだ。**その証券取引所で株を公開する行為を上場**というんだ。でも、どんな企業でも証券取引所に上場できるわけではなく、業績・資本政策・株主数などの面で審査を通った企業しか上場はできないんだ。じゃあ、次は株式を買う側のメリットを見ていこうか。

◇企業が資金を調達する手段
　・借入：返済を前提とした資金の調達方法。たとえば銀行などから。
　・出資：投資家が資金を提供すること。出資される側に返済の必要はない。

◇株式とは？
　出資をした株主は、企業の権利の一部を所有することになる。この権利の証明書を株式という。この財産的権利を表示する券を有価証券という。

　上の点をまとめると
　「株式は、株式会社における出資者の持分を明らかにする有価証券」 となる。

◇上場
　証券取引所で株を公開する行為。
　上場することで、その企業の株式の売買が容易になる。

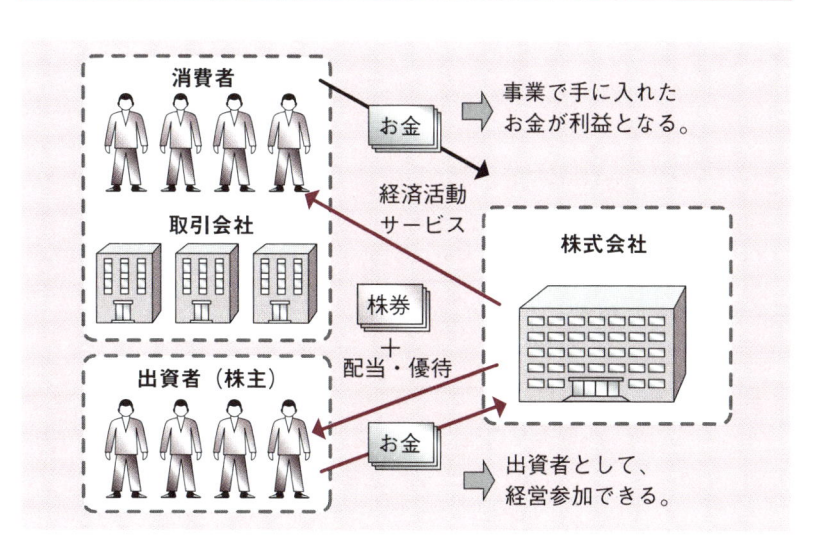

2時間目：投資家は株のメリットをお見通しか!?

　下の表を見てごらん。株式投資のメリットをまとめてみたんだけど。

配当 （インカムゲイン）	・株主への利益還元策の一環。 ・株式を発行した企業は利益を上げると株主にそれを分配する。すなわち利益が増えると配当は増額され（増配）、利益が減ると配当は減額される（減配）。
キャピタルゲイン	・株式の売買による差益のこと。 ・投資家が株式を購入する上で最も期待するもののひとつ。
優　待	・企業の利益還元策の一環として、株主に対して配当の他にサービスや製品を提供する制度。自社サービス・製品の知名度向上や個人株主の安定化なども目的のひとつ。 ・お菓子に付いているオマケ。そんな感じ。
経営参加	・株主総会で、企業の事業方針の決定の際に議決権を行使できる。ただし、保有株数の差によって、権利の強さにも差がある。
株式分割	・1株をいくつかに分割し、発行済みの株式数を増やすこと。株式分割によって株数が増えた結果、株価が安くなり、投資家はその分だけ買いやすくなる。

　ふーん、結構お得感満載やね。

　そうだね。まぁ、結局売買による差益が投資家にとっては最大のメリットであって、他のはオマケみたいなもんなんだけどな。それでは順を追って見てみようか。

利益を還元 "配当"

　まず「配当」。これは**出資してくれた株主に対して利益を還元すること**を言うんだ。でも、一般的にそんなに配当利回り（43ページ参照）が高

いわけじゃないけどね。大企業はだいたい1％くらいだったりするんだ。
- えー、でも今の低金利時代の預金と比べればいいんじゃないですか？
- ……お前、前向きな人間だな。
- （……先生が後ろ向きだと思うんだけどな）

株の醍醐味"キャピタルゲイン"

- じゃあ、気分を変えて次の話題にいこう。次は「キャピタルゲイン」
- キャピキャピボイン！？
- お前の頭はウジでも湧いているのか。株の話にキャピキャピなボインが出てくるか。
- そんな本気でつっこまんでもええやん……（涙）
- キャピタルゲインっていうのは、つまり**株式を買値よりも高い値で売ったときに得られる利益**のことなんだ。そもそも何で株価が上下するかわかるかな？
- 普通の物価の上下の理由と同じじゃないんですか？
- みんなが評価している企業の株式は買われて値が上がって、逆にみんなが評価しない企業の株式は売られて値が下がるっていうことかしら？
- うん、うん、いいね。つまり、将来性がある・業績が良いなどの企業は投資家にとっては魅力的な対象であり、投資家の多くがその企業の株がほしいと思うわけ。でも発行株式には限界があるから、人より優先的に買うには今の価格より高めの値段を付ける。そうしてその企業の株価は上がっていく。
- 逆にこの携帯電話の時代にPHS産業にがんがん資金を注入して「時代はPHSやー！」と言い張る時代錯誤な会社の株は誰もほしがらん。そやから、今その企業の株を持ってる投資家は早く処分して違う企業の株を買いたいなぁと思う。でも、今の値段じゃ買ってくれないから低い値段で売らざるをえない。だから、もちろん株価は下がって行くってわけや。

注）PHS：パーソナルデータシステムの略で、1995年に全国で販売開始された1世代前の携帯電話のシステムのことを指す。電波状態があまり良くないなどの理由で、人気がなくなり、今はAirHなど一部の製品として残っている。

そうだね、わかってきたねぇ〜。企業がぐんぐん成長していくと、それと並行してその企業の株価も上昇していく。ときには買値の数十倍、数百倍に。こうなるとあっという間に億万長者に。けっ、何が野球選手だ。何がサッカー選手だ。1番すげーのは株の世界で勝ち抜いた俺だよ、と。そんな感じになれるわけ。目指せ成金！　おっと、暴走したけど要するにこのキャピタルゲインが株式購入者の最大の目的、最高のリターンってやつだね。

　でも、怖いですよね。もしこれが逆だったら。自分の持っている株が半分とか10分の1とかになる恐れもあるんだもん。

　リターンには必ずリスクが付いて回る。世の常だよね。ここを把握しないまま投資をすると痛い目に遭うよね。株価が下がっても、またいずれ上がってくると思っちゃって、そうしている内にどんどん損失は膨らみ、いつの間にやら大火傷……。これが俗にいう塩漬け株ってやつだよ……。はぁ……。ふぅ。

　（この先生確実に過去に失敗したな……）

要するにオマケ"優待"

　気分を変えて次の「優待」（株主優待制度）の話に行こうか。これはお菓子のオマケみたいなもん。資金を集めたい会社が、「うちの株買って保有してくれた人には○○○付けちゃいます。だから買って！」という状況。例えば、飲食関係ならお食事券とか、交通関係ならフリーパスとかだね。これは日本だけの制度なんだよ。

　へぇー、何にでもオマケを付けたがるのって何か日本人らしいですね。具体的にはどういうものが優待として株主に送られているんですか？

　ワタミフードなら100株で6,000円相当の優待券、面白いところを挙げれば、ヤクルトなら野球の試合観戦券、エイベックスなら株主限定CDとかだね。

　へぇ、種類が豊富でおもろいなぁ。

株主の権利"経営参加"

- 次は「経営参加」の話。さっきから言っているように株を買うことはその会社の保有者の１人になることだから、当然**経営に参加する権利を得ること**になるんだね。株式の保有者は経営参加の権利のひとつとして株主総会に参加できる。株主総会っていうのは、企業側が株主を集めて、自社の運営方針の発表・新規事業やその他さまざまな決定の可否を行なう場のことをいう。株主はこの決定に関して**議決権**を持っているんだ。だけどこれは保有株数によって差があるため、普通の個人投資家にはあんまり関係ない。まぁでも、バブル崩壊後少しずつ各企業の株主への対応は良くなってきているけどね。
- 株式の持ち合い解消で以前のシャンシャン総会が改善されたって話を以前聞いたことがあるわ。
- シャンシャン総会って？
- 朝にシャワー浴びたらすっきりするってことやで。
- それは『朝シャン爽快』！ シャンシャン総会っていうのは、自社の株式を多く保有している人や企業から、激しいつっこみをされて困らないように、議長がいろんな手を駆使して大急ぎで議事を進行して、あっという間に終わらせてしまう総会のこと。こんなことが昔は行なわれていたんだよね。
- あ、あっさり、ボケが流された……。

流動性UP"株式分割"

- 最後に株式分割の話をしよう。株式分割っていうのは、**株をいくつかに分割し、発行済みの株式数を増やすこと**。例えば、１株を２株に分割すると、その株式を保有していた人の持ち株数は自動的に２倍になる。1,000株保有していれば2,000株になる。
- すごいわ。自分の持っている株数がタダで増えるなんて、かなりお得ですよね。
- でも、ちょっと考えてごらん。理論上、１株の価値は半分になるため、

資産価値は分割の前後で結局イコールだね。株数は2倍になるが、それに応じて資産価値も2倍になるかというと、そうではないんだよね。

じゃあ、結局分割してもしなくても投資家にとっては意味がないということですか？

いやいや。株式分割によって株数が増えた分、株価が安くなって、投資家はその分だけ**流動性が高まって買いやすくなる**。買いやすくなれば、人気が出てきて、株価が値上がりしやすくなる。結局お得やな。

お前、ときどき真面目だな……。まぁ、遊太くんの言うとおりだ。あと、株式分割をする会社は、成長性があって株価が高い会社が多いので、増配やその後の株価上昇も期待できる。そんな所だな。

へへへん。

これまで株のメリットを見てどう？　株って魅力的でしょ。配当にしろ優待にしろお得であることは間違いないし、売買の差益ならタイミングさえ間違わなければ相当な額のリターンを期待できるよね。そう、タイミングを間違えなければ、タイミングさえ……。

せ、先生、次は株式市場のことを教えてください！

3時間目：株式市場ってどんなとこ？

株式市場というフィールドとルール

株式市場の中でいくつか種類があるけど主要なものはこれだな。

・東京証券取引所（1部、2部、マザーズ）
・大阪証券取引所（1部、2部、ヘラクレス）
・JASDAQ

- へぇ、取引所って複数あるんですね。どこで取引すればいいんですか？
- うーん、これだけ市場があるけれど、有名企業は大体複数の市場にまたがって上場しているね。その中でも**東京証券取引所（通称：東証）**が一番大きくて、上場企業数、及び売買高も約80%を占めているんだ。君たちが知っている企業のほとんどはこの東証1部に上場していると思うよ。
- さっきから1部・2部って言っていますけど、どう違うんですか？
- 野球で言う、1軍・2軍みたいなもんやで。1部のほうが上場の審査基準が厳しくてソニー、トヨタとかいった誰でも知っているような大企業がどっさりあって、第2部は少し審査基準が甘いから、第1部と比べて小規模な企業が上場しているんや。
- そうそう。上場は投資家の信頼を裏切ることがないように、厳しい審査を突破した企業のみに許されるんだ。このような企業は全国に約3,400社、率にして全株式会社の約0.4%にしか過ぎないんだよ。
- すごいなぁ。そこに上場している会社はどれもその厳しい資格をパスした会社ばかりってことなのね。
- それでも1997年〜99年の間に上場企業のうち21社の企業が倒産しているんだ。こうなったらその企業の株式は紙くずだよ。こういう企業には投資しない目を養うのも大切だよね。貧乏くじ引いてからでは遅いから……。ふふっ。
- （きっと、先生いろいろ辛いことがあったんだわ……）
- ところで市場ではいつ株の取引が行なわれているんですか？
- そうだね。東証で言えば年末年始(12月31日〜1月3日)・土曜日・日曜日・祝日を除いて毎日9時から15時まで行なわれている。途中11時から12時半まで昼休みだけど。取引所によっては若干違うところもあるけどほとんど同じだね。
- **JASDAQ市場**っていうのはどういう市場なんですか？
- 東証が大まかに言って成熟した企業が多いのに対し、JASDAQはこれから成長が期待される企業が多い。JASDAQには東証1部への登竜門というイメージが一般的にあるけど、そういうわけではないんだ。お互いに完全に同等な市場だよ。各市場が、それぞれのカラーを出しながら、将来性のある企業を発掘していくのは産業の発展に望ましいことだよね。

- あのう、先生……。具体的に、株式はどういう風に売買されているんですか？
- 株式の売買の注文の仕方には**指値注文**(さしね)と**成行注文**(なりゆき)があるんだ。指値注文っていうのは『Ａ会社の株を、100円で1,000株買って（売って）ほしい』という注文方法。要するに**売買の値段を指定する注文**だね。一方、成行注文ってのは『Ａ会社の株を、とにかく1,000株買って（売って）ほしい』という注文方法。つまり**売買価格を指定しない注文**だね。
- 別に指値注文だけでいい気がするけどなぁ。成行注文やったらまったく望んでないような金額で取引してしまうこともあり得るやんか。
- そうだね。でも、指値注文は自分の希望した値段で株式を売買できる反面、売り手と買い手のちょっとした値段の差で売買が成立しないこともあるんだ。一方、成行注文は遊太くんが言ったように自分が期待していた値段とはかけ離れた値段で売買されてしまうことがあるけど、その分、早く確実に売買が成立するんだ。
- じゃあ成行注文なら、700円あたりで成立すると思っていたものが、5,000円で成立することもあるのね。
- いや、そんなことはないんだ。証券取引所では急激な価格変動による市場の混乱・投資家への大きな損失を防ぐために１日に動く株価の大きさの限度を定めているんだ。たとえば、500円以上1,000円未満の場合、前日の終値から上下100円以上は変動しないというようにね。この上下の限度まで株価が動くことをそれぞれ**ストップ高・ストップ安**と言うんだよ。
- そっか。それぞれの注文方法の特徴をうまく使い分けなきゃいけないんですね。

株式市場のプレイヤー

- 株の取引に関してもう少し説明すれば、よくニュースでＡ社がＢ社を買収とか聞くでしょ。これってＡ社がＢ社の株式を半分以上購入・保有することで、経営権を奪ってしまうことを意味しているんだ。
- そうやな。株式を持つということはその企業の権利の一部を保有するということやもんな。

第1章 株ってナンダ？
3時間目：株式市場ってどんなとこ？

- 君は、ボケたり真面目になったり忙しい奴だな……。
- そう遊太くんの言うとおり。株を買うことは会社の一部を保有することを意味する。つまりA社がB社の株を半分以上持つとB社の経営の決定権の半分以上をA社が持つことになり、B社がある事業をしたいと考えてもA社が反対すれば、A社側の意思が勝ってしまう。B社の気持ちの半分以上がA社に支配されているということになるのかな。恋も同じだな。惚れて心を支配された方が主導権を握られるということだね……。俺はいつも惚れてばかりだ……。
- 先生、何か言いましたか？
- いいや、何も……。まぁ、要するに個人だけじゃなくて豊富な資金を持っている企業も株式を運用しているってことを言おうと思ったんだよ。その企業の中でも信託銀行・生保・損保など大量の資金を運用している会社を**機関投資家**と言い、市場に大きな影響を与えているんだ。その他にも外国人投資家などが大量の資金を投資しているよね。つまり世界の景気や他国の市場の流れも日本市場に大きな影響を与える。国内市場を見るにしても、国内情勢だけでなくて広く世界も見なきゃいけないんだ。

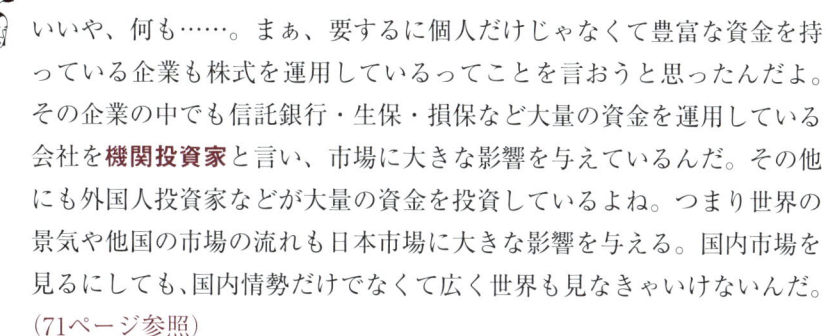

(71ページ参照)

◇証券取引所の1部・2部って？
・1部の方が2部よりも上場するための審査基準が厳しい。
　そのため、1部の方が大企業・有名企業が集まっている。

◇株式の保有状況

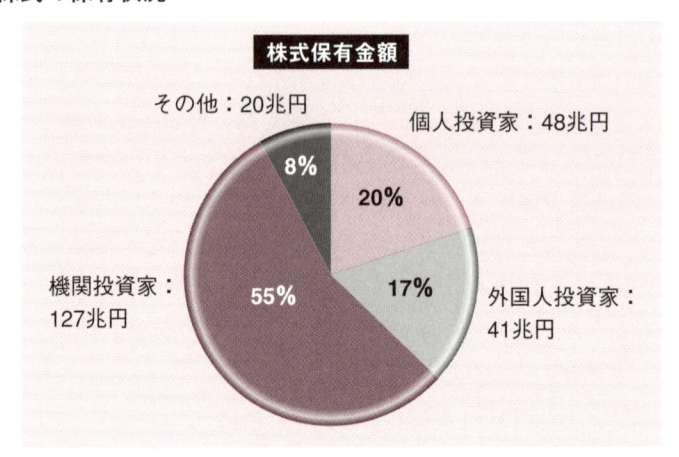

株式保有金額

- その他：20兆円　8%
- 個人投資家：48兆円　20%
- 外国人投資家：41兆円　17%
- 機関投資家：127兆円　55%

（補足）東証は有名企業・大企業などのある意味成熟した企業が集まっており、またJASDAQには新興企業・成長企業が多く集まっている。
こういう風に各市場にはその市場独自のカラーがあり、これをもとに投資するのもよい。

4時間目：実際に買う前に

- じゃあ次は実際に買うところまでの話にいくとしようか。理屈がわかっても実際にどうするかわからなければ何も始まらないからね。
- 何かいよいよ自分で買えるようになると思うとワクワクして来ますね。
- （先生の話の節々にみえる暗い部分を見せられると若干怖い気もするけど……）
- 例えば1株1,000円の株がある。これを買いたいと思っても通常1株単位では売買できないんだよね、株ってのは。通常は100株1セットとか1,000株1セットとかでまとめ売りしてるんだ。この基本売買単位のことを**単元**と言って、単元毎でないと株は買えないんだ。
- え、じゃあ、気軽にトヨタ1株なんてのは無理ってことですか？
- うん。トヨタは100株からしか買えないね。約3億株発行していて、誰かが3株、誰かが56株、誰かが128株なんてことをされると会社としても管理が大変だからね。
- ってことは、トヨタが現在1株約4,000円（2004年4/30現在）ぐらいだから、トヨタに投資するには最低でも約40万円いるってことになるのか……。
- これって君たちみたいな個人投資家には出せないよね。そこで**ミニ株**って制度が作られたんだ。これは単元の10分の1の株数から買える制度なんだ。トヨタの例なら4万円から買える。これなら君たちでもいけるだろう？
- これなら貯金していたお年玉で買えそうですね。
- ちょっと待った。投資を始めるにはまだまだ考えなきゃいけないことがあるよ。まず証券会社で口座を開かなきゃ。これは簡単だよ。証券会社に行って、おもむろに受付のお姉さんに「口座を作りたいんです！」とでも言ってやれば、ノリノリで作ってくれるから（2004年12月以降より証券仲介業が銀行にも解禁される）。口座を作ったらいよいよ取引ができるんだけど、ここで注意したいのは取引には**手数料**がかかるということ。それから売却した利益に関して**税金**がかかるということ。

🧑 そういや、株式投資してる俺の友だちが手数料は結構バカにならへんって言っとったなぁ。

👨 そうだね。これは各証券会社で異なるから、証券会社を選ぶ際に良く調べた方がいいね。さらに売却に関して税金がかかるっていうのも頭に入れておこう。株の売買代金以外にかかるのはまとめるとこうなるね。

売買委託手数料 （手数料）	売買代金やそれぞれの証券会社によって異なる。 買うとき、売るときにそれぞれかかる。
消費税	売買委託手数料×5％
キャピタルゲイン にかかる税	平成19年までは10％。それ以降は20％。 （1年の売却益－損益）×10％（2004年現在）

👩 うーん、そうすると……手数料が2,000円の証券会社なら、1回の売買で4,000円。それに消費税が加わって4,200円。さらに売買で得た利益にも税金がかかるから……せっかく利益を得ても、税金や手数料でもっていかれちゃうんですねぇ。できるだけ余計なお金がかからないように手数料が低い証券会社にしなくちゃいけないわ。

👨 そうだね。でも、手数料が高くても、そういう証券会社はその分、投資に役立つ情報を提供してくれたり、多くのミニ株を扱ってたりするんだよ。だから、手数料とかは証券会社を決める1つの基準ではあるけど、単純に安いところに決めちゃうのは良くないよ。

> ◇**株式を買うための知識**
> **単元**：株式を売買するための基本単位。各企業によって単元は異なる。
> **ミニ株**：株式を購入しやすいように、単元の10分の1の株数で購入できるようにした制度。ただし、全ての銘柄に適用されているわけでなく、ミニ株で買えない株もある。
> （補足）証券会社によって手数料が異なるが、手数料が高い証券会社では無料で投資に有用な情報が入手できたり、扱っているミニ株の銘柄が多かったりと、手数料が安い証券会社より優れている面もある。

5時間目：戦略と一貫性

- これらをふまえればようやく買えますね。
- でも、先生！　何だか銘柄（投資できる企業のこと）がありすぎてどういうものに投資していけばいいかわからないんです。
- やっぱり発行株式数が多い、有名な銘柄から始めるのが無難じゃないんですか？
- その発行株式数が多い、正確には２億株以上発行されている株を「大型株」というんだ。そして６千万株以上２億株未満を「中型株」。６千万株未満を「小型株」というんだ。他にも株にはその特徴ごとにいろんな呼び方があるんだよ。例えば、短期に大きな利益を得る投機目的で売買される『仕手株』とか、株価水準がとても高い『値がさ株』とかね。
- そんなにいろいろ挙げられると、余計わからなくなっちゃいました。どうしたらよいと思いますか、先生？
- そうだね。まずは自分にとって**身近な企業への投資、自分がよく知っている分野の企業への投資**をするべきだと思うよ。身近な企業だと、実際その企業の商品やサービスがどういうものかのイメージはつかめているし、今後どういう業績になるかとか、発表されたニュースがどういう影響を与えるかが予想しやすいからね。彩さんなら化粧品とかには強そうだよね。逆に遊太くんや勤くんはそういう分野は全然ダメでしょ。化粧品会社が新商品を発表したっていうニュースが流れても、遊太くんと勤くんはその商品が売れそうかどうか、まったくわかんないよね。あとは、何かハイテク、ハイテクって周りが言っているからハイテク銘柄に投資してみようとか、よくわからないけどこの株最近上がっているから買ってみようとか、周囲の情報に惑わされながら投資するのはお勧めできないね。まずは自分にとって身近な分野。これが大事だと思うよ。うん。
（あのときの俺にもこの言葉を言ってやりたい……）
- （要するに、先生はそれができず昔失敗したんやな……）
- あとは、「**株で絶対勝つ方法はない**」ということを頭においておくべきだね。勝つという確信からのスタートは幻想だよ。それはすぐに崩れる

だろう。株の取引で一番難しいのは「売るとき」なんだ。買値より上がっていると「まだまだ上がるまだまだ上がる」と思えて、そうするうちに下がってくる。今度は「もう少し時間がたてば上がるだろう」という気持ちになって、気付いたときには損失が拡大していて大痛手となることもある。だから買値より20%上がったら売り、10%下がったら売るといった自分なりの機械的なルールを決めること、そしてそれを絶対守る強い自制心を持つこと、これが必要だね。株価が上がっているときはそのまま上がっていくように見えてしまうもんだからね。負ける確率が高いという意識をもって、負ける金額を抑えて勝つときにはドカンと勝つ。私の経験から言ってこれが株でしっかり成功するための戦略だと思うよ。これももう少し前に気付いていれば……。

（気付かなかったのかよ!!）

もう1つ言えることは株式市場っていうのは業績が良い会社の株価が絶対に上がるという単純なものではないんだ。むしろ、株式市場は投資家心理が大きな影響を与えている場なんだ。例えば、さっき話した優待のことだけど、優待をもらえる権利が与えられる日があって、極論を言えばその日さえ株を保有していれば優待はもらえるんだ。つまり、その会社の業績が悪くても、その権利日の直前に高い値が付いたりすることもあり得るんだ。これは明らかに優待目当てで株価が動いているよね。

優待・配当の権利確定日

・権利確定日の4営業日前までに株式を購入する必要がある。通常、各月末だが、銘柄によって異なる。

◆4日前と4営業日前の違い

日付	その日には一体何が？	日前	営業日前
24日 (火曜日)	最終売買日。優待の権利を確定するためにはこの日までに購入する必要。	7日前	4営業日前
25日 (水曜日)	権利落ち日。この日に購入しても月末の優待は受けられない。	6日前	3営業日前
26日 (木曜日)		5日前	2営業日前

↓ 27日 (金曜日) 祝日		4日前	
↓ 28日 (土曜日)		3日前	
↓ 29日 (日曜日)		2日前	
↓ 30日 (月曜日)		1日前	1営業日前
31日 (火曜日)	権利確定日。この日に株主名簿に名前が記載される（優待がもらえる）。		
↓ 約3カ月後	優待が届きます。		

　31日火曜日を基準としたなら、その4日前は27日、金曜日になる。しかし、4営業日前の場合は、証券取引所が営業している日のみを換算する。つまり、27日金曜日は祝日のため証券取引所が休みであり、土・日も証券取引所が休みであることから、31日火曜日を基準とした場合、その4営業日前は、24日火曜日となる。

　なお、この場合、24日の取引終了時に株式を持っていれば、25日の朝一番に株式を売却しても、配当、優待はもらえる。

- つまり、24日に向かって優待目的で投資家がその銘柄を買おうとする。そうするとその銘柄の株価は上昇する。そこに目を付けて値上がりを狙った投資家が集まるということやんな。
- そういうことだね。つまり将来性のある企業に投資するという本来の市場原理に立脚したものではなく、投資家の心理で株価が変動する投機的なものに変わってきているということだね。
- ケインズが「株は美人投票」って言っていたけど本当にそうなんですね。自分がどう思うかじゃなくて、他人が美人だと思う人に投票しろということなんですよ。
- そうだね。私は他人がブサイクって言う子が好きだからなぁ。だから勝てないのか……。

🧑 ……。多分違うと思うんだけど……。
👨 まぁ、いろいろ言ったけど、基本的なことさえ守れば株で大失敗することはないから大丈夫。

> ・リスクがあることを頭に入れておく。
> ・自分のルールを作り、それを守る。
> ・人の話を鵜呑みにしない。
> ・これから成長しそうな銘柄を選ぶ。
> ・わからない分野に手を出さない。
> ・余裕資金を使う。生活資金とかを使い込まない。心の余裕が大切。

👨 まっ、全部俺ができなかったことなんだけどなぁ。はっはっは。……って笑えませんよね……。
🧑 （うわっ、コメントしづらいわぁ……）
👨 で、遊太くんはどんな銘柄を買おうと思っている？
🧑 うーん、親父が社長をしている会社にしようかなと。いろいろ正しい情報が聞けそうやし。
👨 おっ、それはいかん。うっかりインサイダー取引のことを言い忘れていたな。例えばA社の株を持っているA社の社長が事前に自分の会社の不祥事を知って、これが公になる前に全部売った。一方、その情報を知らない投資家がその株式を買った後に、この悪いニュースが流れてA社の株価が暴落したということがあったとする。これは不公平と思わないか？　もしくは、すごい商品を開発した企業の社員が、そのニュースが発表される前に自社の株を大量購入して、発表後高騰した株をすぐに売って利益を上げたとする。これも不公平じゃないか？　こういうのをインサイダー取引といって禁止されているんだ。普通に捕まりますよ。
🧑 「捕まりますよ」って。ちゃんと言わんかい、そういうこと……。
👨 あのとき、俺にもインサイダーのことを教えてくれる人がいたら捕まらなかったのに……。
🧑👨 インサイダーもやってたのかよ‼
👨 それは冗談ですよ……。

第2章　良い銘柄・悪い銘柄ってドコを見るの？

紀香先生の紹介

27歳の女性教師。化粧品会社からこの学校の教師に転職。株式投資でさまざまな経験を積む個人投資家でもあり、かつさまざまな男性との付き合いの中から、株式投資の銘柄選びはいい男を見抜くことと同じだという大胆な主張をする。ちなみに結婚願望はなし。いい男も売りどきがくれば利食いするらしい……。

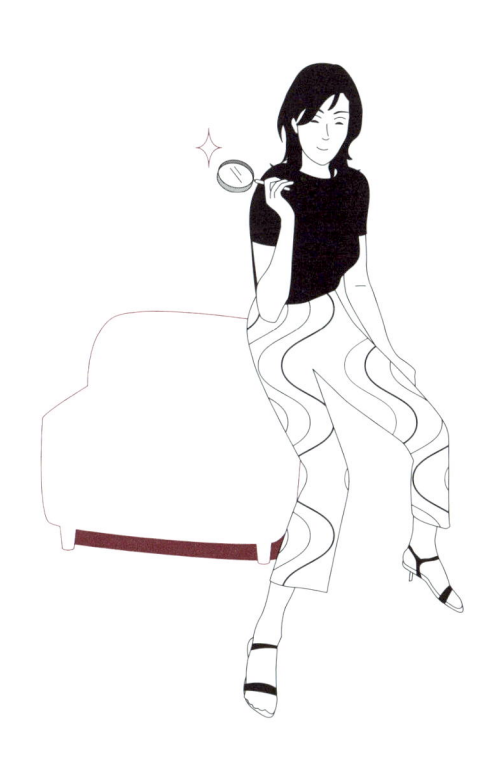

紀香　今日は昨日に続いて実際にどの銘柄を選べばいいのかを考えていくわよ。

遊太　おー、やっとこさ具体的な話になってきたなぁ。

彩　そうね。やっぱり具体的な数字や図表を見る方が、より生きた経済と接することにつながって楽しそうね。

　　銘柄選びといっても堅く考えないでね。まあ男を選ぶのと同じようなものよ。

　　（これまたおもろい先生が来たなぁ）

　　（……）

勤　（なんだろう、この胸のときめきは……）

　　ところで実際の銘柄の分析方法としては、ファンダメンタル分析とテクニカル分析があるけど、勤くん、この違いはわかるかしら？

　　は、はい、もう予習済みです！　**ファンダメンタル分析とは企業の業績や動向、そして景気全体の流れをもとにして株価を分析する方法（1～3時間目で扱う）、テクニカル分析とは株価の動きそのものを分析していく方法（4時間目）** ですよね。

　　さすが勤くん、ではこれから実際にやっていきましょう。

　　（やったぁー！！）

1時間目：企業の体力をチェックしよう

損益計算書（PL：Profit And Loss Statement）

　　まずは企業の収益構造、つまりどうやって利益を上げているのかを見ましょう。男選びで言えば、どれだけ稼ぎがあるかってことね。やっぱなんだかんだで稼げる男が魅力的よ。

　　俺は将来ばんばん稼いでええ嫁はんもらうで～。

- はいはい。
- その調子よ、遊太くん！
- ……はい（いつもの先生と反応がちゃうなぁ。つっこみ待ちやったのに……）。
- どれだけ稼いでいるかを見るのは下の**損益計算書**を見ればわかるのよ。

<損益計算書>　（単位：百万円）

科目	金額
①売上高	750,000
売上原価	400,000
営業費用	300,000
②営業利益	50,000
営業外収益	4,000
営業外費用	6,000
③経常利益	48,000
特別利益	7,000
特別損失	3,000
④税引き前当期利益	52,000
法人税及び住民税	5,000
⑤当期利益	47,000
前期繰越利益	2,000
中間配当額	1,000
利益準備金積立額	500
⑥当期未処分利益	47,500

- うお、なんか難しい単語と数字ばっかやぞ……。
- そうね、でも構えなくても大丈夫。全部の意味を知って、全部を常に分析する必要なんてないわ。とりあえず①〜⑥の項目の説明をするわね。
- どんどん引き算をしていってるんですね。
- 「○○利益」ばっかりでよくわからなくなってしまうんですが、どこを

重点的に見ればいいんですか？

①売上高
単純にその期間に活動を通して企業に入ってきたお金。企業の事業規模を測るもの。

②営業利益
①から販売費・一般管理費といった営業費用や売上原価（原材料費）を引いたもの。

③経常利益
②から配当金・利息の受け取り（企業が企業の株を持っていることもある）と支払を加算・減算したもの。つまり②に対して、企業の資金繰り（お金のやりくり）という要素を加えたもの。

④税引前当期利益
③から臨時の収入（例えば不動産の売却）・支出（地震などの災害）を引いたもの。

⑤当期利益
④から企業にかかる税金を引いたもの。

⑥当期未処分利益
⑤からその他の費用を考慮して算出される、企業の手元に最終的に残るお金。

例えば、10円の飴を売るAgents株式会社があるとしましょう。
飴が1,000個売れたなら売上高は1万円。
人件費や宣伝費用、飴の原材料費に3,000円かかると、営業利益は7,000円。
UFO銀行からお金を借りていて、返済利息額が1,000円だった場合、
経常利益は6,000円。
不動産を突然売って特別損失が1,000円なら、税引前当期利益は5,000円。
税金額が税引前当期利益の10%なら、当期利益は4,500円。
配当に500円使えば当期未処分利益は4,000円となります。

とくに見るべきなのは、**①売上高**、**③経常利益**ね。①で企業の事業規模、③で企業の通常の事業活動に関する利益が示されているのよ。⑤当期利益に関しては③との差額が大きい場合は注意が必要よ。③経常利益と最終的な利益に差があるということは、プラスにせよマイナスにせよ、その企業に特別な事態が起こっているということだからね。あと、ただ単

にその年の損益計算書1つを見ればいいんじゃなくて、過去の損益計算書と対比することで、数値の変化を見ることも重要よ。各数字が大きくなっていってるということはそれだけその企業が成長してきているということだからね。

🧑 は、はいっ!!

👩 (勤がいつもと違う……)

貸借対照表（BS：Balance Sheet）

👩 次に企業の財政状態、つまり男選びで言えばどれだけ借金があるのか、どんな土地・家・車といった資産を持っているのかを見ていくわよ。そ

貸借対照表（単位：百万円）

科目	金額	科目	金額
（資産の部）		（負債の部）	
流動資産	400,000	流動負債	300,000
現金及び預金	150,000	買掛金	120,000
売掛金	100,000	未払費用	80,000
棚卸資産	50,000	その他	100,000
その他	100,000	固定負債	50,000
固定資産	600,000	転換社債	40,000
有形固定資産	300,000	その他	10,000
建物	200,000	負債合計	350,000
機械装置	80,000		
その他	20,000	（資本の部）	
無形固定資産	100,000	資本金	180,000
投資等	200,000	法定準備金	220,000
子会社株式	120,000	剰余金	250,000
子会社出資金	70,000	（うち当期利益）	50,000
その他	40,000	資本合計	650,000
貸倒引当金	△30,000		
資産合計	1,000,000	負債及び資本合計	1,000,000

れを見るには初対面の男の場合は身に付けている腕時計や靴などから推測するしかないけど、企業の場合には貸借対照表というものを発表してくれているからすぐにわかるわ。
この表は大きく左右２つに分かれているわ。簡単に言ってしまうと**右側がお金の集め方**を、左側が**お金の使い道**を示したものよ。ところでこの表を見て気付くことはないかしら？

- 一番下の合計額が一緒だわ。
- そう、集めたお金と使ったお金の内訳の表だから、左右の金額の合計は必ず一致するはずよ。つまり、**資産＝負債＋資本**。じゃあ改めて、まず右側から説明するわね。右側は大きく負債と資本に分かれているわ。この言葉は簡単に言うと……。
- 負債とは借金のこと、資本とは自分のお金のことですよね。
- その通り。表を見て。負債には２種類あって、**流動負債**とは１年以内に返さなければならない借金、**固定負債**とは返済期限が１年以上後の借金のことよ。
- なんでそんな区別するんですか？
- 返済期限の近いお金が多いということは、それだけ近い将来に多くのお金が出て行くということね。それは、企業の財政を圧迫しかねないってことよ。
- そっかぁ。（確かに今月中に返さなあかん借金が俺にも……）
- 遊太くん、そう言えばお金貸してなかったっけ？
- そう言えば僕も貸してた気が。今月中に返してくれるんじゃなかったの？
- へっ!?　えーっと、その話はまた後でね……。
- あらあら遊太くん、そんなんじゃいいお嫁さんはもらえないわよ。でも２つの負債を区別する理由はわかったでしょ。
- はい……。
- じゃあ次に資本の方を見ていくわ。こっちは３つくらいに分かれているけど、基本的には資本金だけ見れば大丈夫よ。
- たしか株式会社とは株主からの出資で成り立っているんですよね？
- よく復習しているわね、その通り（13ページ参照）。だから資本金とは

株主が出してくれたお金のことよ。そして、**資本÷（負債＋資本）× 100**が**自己資本比率**と呼ばれる企業の**安定性**を見る重要な指標よ。この場合は65％ね。

- ん、聞いたことあるぞ、その単語！　確か銀行の自己資本比率は8％以上じゃなきゃいけないんですよね？
- さすがに経済のことをよく知っているわね。それはBIS規制というもので海外に出店する銀行の場合よ。ちなみに国内だけで活動するなら4％。じゃあ、普通の企業の場合も10％弱あれば安定かしら？
- うーん、確かに自分のお金の割合が高々10％弱っていうのは、すごく不安定な気がするなぁ。
- そうね。銀行は特別なんだけど、普通は9割以上借金だとその企業の資金繰りはとても厳しいものだと考えるべきね。
- やっぱ50％くらいはほしいところじゃないかな。
- 一般的にはそう言えるわ。でも製造業などは30％前後が平均だし、業種毎にやや基準は異なるから注意が必要よ。
- （また1ポイントゲット！）
- （勤くんさっきからにやついてる……）

貸借対照表の右側で重要なのは流動負債の割合と自己資本比率。どちらも企業の安定性を測るものだが、なかでも自己資本比率に注意。ひとまず50％を基準としよう。

- 次に左側に行きましょう。こっちは企業の資産の内訳を示すものよ。
- また**流動資産・固定資産**ってあるぞ。さっきの流れから行くと、流動資産は1年以内に現金化できるもの、固定資産は1年以上にわたって利用されるものってことですかぁ？
- ファイナルアンサー？
- ファ、ファイナルアンサー！
- ……………………正解！！
- やったぁ〜！！
- （ちっ）

- 早く先に進みませんか？
- はい。
- ちなみに、流動資産には株式、固定資産には不動産などがあるわ。
- なるほど、資産もその性質に応じて、検討しなくてはならないんですね。
- それと、この流動資産とさっき出てきた流動負債の額を比べるのもまた、企業の安定性を見るために必要なことよ。1年以内に現金化できる額が十分にあれば、1年以内に返さなきゃいけない額が多少大きくても乗り越えられるわ。
- 先生、**純資産**って聞いたことがあるんですけど、この言葉はどういう意味ですか？
- 純資産とは自己資本を元手とする資産の合計よ。つまり……。
- **純資産＝自己資本**ってことじゃないですか！
- その通り。遊太くん鋭い！
- （こいつまたしても……）

> 左側で気にするべきは流動資産の項目。右側で出てきた流動負債と比べることで企業の安全性が測れる。

連結決算

- じゃあ1時間目の最後は**連結決算**についての説明よ。決算とは企業が一定期間の経営成績や財務状態をまとめる一連の作業のことで、今まで見てきた損益計算書・貸借対照表などを作る作業のことなの。連結決算とは、財務諸表などをその企業だけで見るんじゃなくてグループ全体で見るためのものよ。
- グループっていうのはどういうことですか？
- 企業にはその下請けなどをする会社や結びつきの強い関連会社というものがあるわよね。そういうのをまとめて1グループと見るのよ。
- でも下請け会社とか取引会社を同じグループに入れだしたら、きりないよなぁ？
- そう。だからどれくらい相手企業の株式数を持っているかで結びつきの

程度を判断するのよ。
- ほぉ、株にはそんな役割もあるんかぁ。
- 株式を多く持っているということは経営に大きく関われるということだったからじゃないですか？　株式を持っているほどその企業を動かせるというか、支配できるというか……。
- そう、それは前回やったところよね。勤くん、復習はばっちりじゃないの♪　具体的には50％以上の株式を持つ相手を**子会社**（自らは親会社）、20％〜50％の株式を持つ相手を**関連企業**と呼んで、この2つの種類の会社を併せて1グループとするのよ。
- （やったやった！！）
- でもなんで一緒にする必要があるんですか？
- それには以下の理由が挙げられるわ。

> ・親会社が子会社に負債を肩代わりさせて自らの決算をごまかすのを防ぐ。
> ・子会社の経営難は親会社を圧迫しかねないので総合的に見る必要がある。
> ・親会社から子会社に商品を売ったとしても、グループ全体としては子会社にその商品がある限り利益は発生しない。連結決算はそのようなごまかしを防ぐ。

- つまり、ごまかしを防いで企業の業績をはっきりと見るには連結した方がいいっちゅうことやんなぁ？
- そうよ。まぁ男にしても、家族に莫大な借金があったり、家族や友だちからお金を借りてデートしてるような人とは到底付き合えないのと同じよ。ね、彩さん？
- ええ、まぁ……。（ほんとにシビアだわ、この人）
- （僕はその点大丈夫そうだな、よし！！）

- 決算には1年ごとに行なわれる通常のものの他に、**中間決算・四半期決算**というものがあるのよ。
- そーいや最近よく「四半期決算」って聞くんやけど、なんですかぁ？
- 中間決算が半年毎の決算なのに対して、四半期決算は3カ月毎の決算の

ことよ。連結決算もそうだけど、最近は企業のディスクロージャー（情報公開）を求める流れがあって、より正確に企業を捉えようとするために、グループ全体の決算を見たり、細かい決算発表を求めたりするのよ。今では、多くの企業が四半期決算を行なっているわね。ただ、気を付けてほしいのは四半期ごとの業績に一喜一憂するだけじゃなくてもっと長い目で見ることも必要ということよ。遊太くんなんかとくにせっかちそうだし（笑）

🙂 確かに……気を付けますわ。

😀 （一歩リード！）

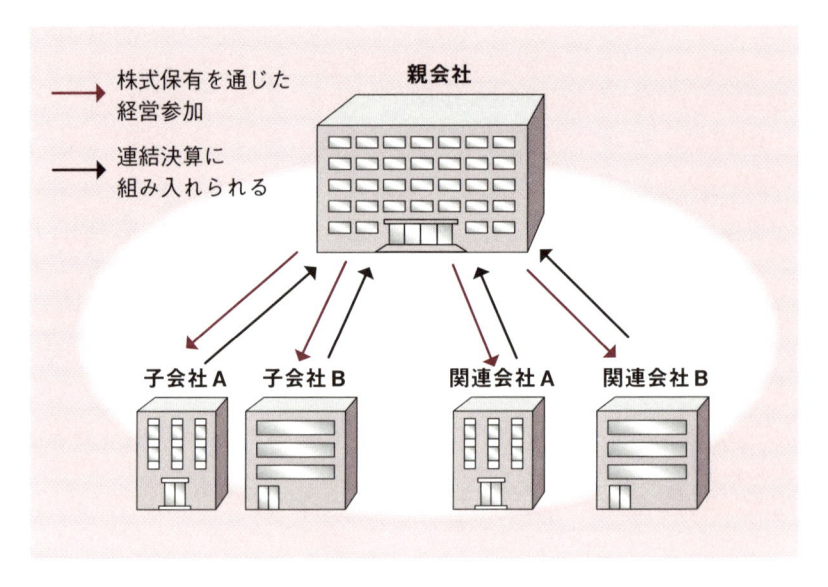

→ 株式保有を通じた経営参加
→ 連結決算に組み入れられる

親会社 → 子会社A・子会社B・関連会社A・関連会社B

2時間目：各種指標の使い方、企業の収益性その他をつかもう

🧑 さあ2時間目始めるわよ。1時間目が企業の発表するおおもとの数字だったのに対して、次はそれをちょっと加工した、いろいろな指標を見ていくことにするわ。

🧑 どんどんおもろなってくなぁ！

🧑 じゃあまずは株価が**割安**かどうか判断する2つの指標から取り上げましょう。割安ってことは、期待が現実を下回っている、つまりほんとはイイ男なのに、世間ではあまり評価されていないということよ。逆に**割高**ってことは期待が先行しすぎている、つまり世間での評価は高いけど、実際はそんな大した男ではないってことよ。これを見分けるには**PER・PBR**っていう2つの指標があるわ。

PER（株価収益率）

> **定義：株価÷1株当たり税引き後利益**
>
> つまり、企業が発行株式数に対して「現実に」どれくらい利益を上げているか（1株当たり税引き後利益）と、投資家（もしくは市場）が発行株式数当たりどれくらいの利益を企業に「期待」しているか（株価）を比べたもの。

🧑 つまり期待と現実のギャップを示した指標という感じですか？

🧑 そうよ。

🧑 数値がでかすぎると、現実そっちのけで期待が膨らんでるから、後でがっかりしたときに株価が下がる、逆に……。

🧑 数値が低すぎると、現実に比べ不当に評価が低いということになり、その低いときに買っておけば、後々他の人々がその企業の良さに気付いて

株をほしがり、株価が上がって利益を得られるということですね。
- （もってかれた……）
- そうそう、みんなだいぶ株のことを理解してきているわね、素晴らしいわ！
- （あくまで「みんな」か……）
- ところでPERの割安・割高って何と比べて判断すればいいんですか？
- いい質問ね。PERは業種ごとに値に差があるから、その企業が属する**業種平均**と比べるものなのよ。
- なるほど、わかりました〜。

> PERは株価の割安・割高を判断するもの。低ければ割安、高ければ割高。ただ、高い・低いの基準は業種毎に違うので、業種平均・同業種間の比較で判断するもの。

PBR（株価純資産倍率）

> 定義：株価÷１株当たり自己資本
>
> 企業が倒産したときに株主に対して、１株当たり払えるお金（１株当たり自己資本）と、株価（１株当たりの市場における価値）を比べたもの。

- こっちはパッと意味をつかめんなぁ……。
- PBRが１になるってことはどういうことか考えてみて。
- 「株価＝１株当たり自己資本」ということですね。自己資本というのは会社が倒産したときに株式保有者に返ってくるお金ですから、PBRが１ということは、その企業が倒産したときの価値以上に株が評価されていないということか……うーん。
- でも、実際は全然倒産しそうな雰囲気も数字も出ていないのであれば、PBRが１というのは低すぎる評価がされているということになるわよね。
- そう、そこまでいけばもうわかるわね。つまり、PBRが１近くまで下がっていて、でも実際は倒産なんかしなさそうなら、市場もさすがにPBR

が1を下回る水準まで株価は下がらないだろうと考え、その株価は割安だと判断されるのよ。またPBRもPER同様、業種毎に違うから業種平均との比較はしましょうね。(43ページ参照)

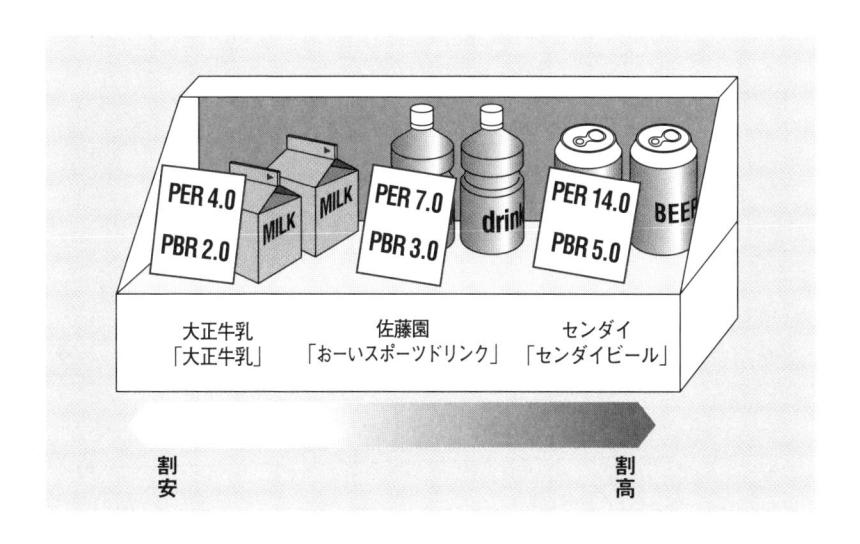

```
            PER 4.0      PER 7.0      PER 14.0
            PBR 2.0      PBR 3.0      PBR 5.0
            大正牛乳      佐藤園        センダイ
           「大正牛乳」  「おーいスポーツドリンク」 「センダイビール」

    ← 割安                                    割高 →
```

> PBRも割安・割高を示す指標。1に近いかどうか、さらには業種平均との比較で割安かどうかを判断しよう。

じゃあ次は経営効率などを見る指標に行きましょう。

ROE（株主資本利益率）

> 定義：税引き後利益÷株主資本×100（％）
>
> 企業が自ら集めた株主の資金を使ってどれくらいの利益を上げているかを示した指標。

これはわかりやすいなぁ。企業がどれだけ効率的に金使ってるかっちゅうことやろ。

🧑 その通り。あと、投資家サイドから見て何か言えないかしら？
🧑 ROEが高いということは、自分が投資したお金をうまく使ってくれているということだから投資のしがいがあるわよね。
🧑 しかも、ROEが伸びていると後々の配当アップが期待できますよね。
🧑 そうね。主には経営効率を見る指標なんだけど、税引き後利益は株主への配当の源泉となるものであるから、ROEは**配当能力を測定する指標**とも言えるわよね。あと、同様の指標にROA（総資産利益率＝税引き後利益÷総資産×100）というものがあるから参考にしてね。

> ROEは割安・割高を測るPER・PBRとは違い、企業の経営効率と配当能力を測るもの。また（後に述べるように）過去と比べて数字が伸びていれば成長性があるといえる。

🧑 その他にもROEと同様のことを示す指標を挙げておくわね。

> **企業の経営効率を見る指標**
> ・売上高経常利益率：経常利益÷売上高×100
> ・総資本経常利益率：経常利益÷総資本×100
> ・配当性向：利益に対してどれだけを配当に回しているか。
> 　　　　　1株当たり配当金÷1株当たり税引き後利益×100
> ・配当利回り：株価に対する配当金の割合。
> 　　　　　1株当たり配当金÷株価×100

～ここまでの復習～

投資の目安となる性質	見るべき指標
企業の安定性	自己資本比率・流動負債と流動資産の比率（1時間目参照）
株価の割安性	PER・PBR
経営の効率性・収益性	ROE・売上高経常利益率・総資本経常利益率
企業の成長性	ROE・ROA・売上高経常利益率・総資本経常利益率の前期からの伸び（変化率）・売上高成長率
配当能力を測定する指標	ROE・配当性向・配当利回り

（参考）各種指標の業種平均

	PER	PBR	配当利回り	ROE
水産	24.63倍	1.39倍	1.79%	5.89%
鉱山	28.38倍	1.61倍	1.36%	－4.54%
建設	29.35倍	1.33倍	1.93%	－0.38%
食料品	26.06倍	1.21倍	1.61%	3.96%
繊維製品	27.93倍	2.17倍	1.83%	0.72%
パルプ・紙	24.68倍	1.14倍	1.74%	1.50%
化学	27.20倍	1.45倍	1.48%	3.47%
医薬品	30.10倍	1.89倍	1.21%	3.75%
石油・石炭製品	19.56倍	1.79倍	3.67%	6.37%
ゴム製品	17.23倍	1.13倍	1.81%	4.71%
ガラス土石製品	30.61倍	1.04倍	1.56%	0.13%
鉄鋼	49.27倍	1.37倍	1.31%	－0.47%
非鉄金属	52.74倍	1.37倍	1.16%	－2.19%
金属製品	32.33倍	1.24倍	1.71%	－0.51%
機械	37.50倍	1.57倍	1.36%	0.17%
電気機器	41.84倍	2.52倍	1.02%	1.13%
輸送用機器	22.70倍	1.39倍	1.28%	5.54%
精密機器	39.75倍	2.51倍	1.04%	3.57%
その他製品	26.21倍	1.23倍	1.51%	1.97%
電気・ガス	16.04倍	1.14倍	2.09%	7.90%
陸運	30.63倍	1.55倍	1.32%	3.49%
海運	35.15倍	2.76倍	1.53%	3.04%
空運	24.45倍	2.18倍	1.59%	－8.34%
倉庫運輸関連	20.94倍	1.11倍	1.81%	4.57%
情報通信	47.78倍	5.18倍	1.06%	5.50%
卸売業	24.89倍	1.96倍	1.65%	3.73%
小売業	32.98倍	2.21倍	1.43%	6.87%
銀行業	30.94倍	1.06倍	0.99%	－3.30%
証券商品先物	25.75倍	3.83倍	1.41%	3.76%
保険業	30.27倍	4.08倍	0.99%	3.14%
その他金融業	27.76倍	2.24倍	0.98%	3.28%
不動産業	25.46倍	4.86倍	1.20%	11.11%
サービス	38.53倍	4.05倍	1.44%	5.18%

出所：東証、大証、JASDAQなどのデータをもとに作成　2004年4月1日現在 Agents調べ

3時間目：企業の動きを捉えよう

- 今までは決算を中心に話を進めてきたけど、ここからはそれ以外の観点から企業を見ていくわよ。まあ男も……。
- 稼ぎとか資産も重要だけど、普段からの行ない・性格なども重要だということですよね。
- ふふ、その通りよ。
- （よし、先生の気持ちがわかってきたぞ！）
- （悪乗りはやめとけって……）

企業の特徴をつかむ

- 企業を見るときはまず何から見るかしら？
- どんだけかわいい子をCMに使っているかかなぁ。
- 確かにイメージも大事だわ。けど、まずはその企業がどんなことをやっているかを見る必要があるのよ。
- 男も将来的にきちんと家族を養っていける職に就いているかなどは重要ですもんね！
- そういうこと♪
- トヨタなら自動車を製造・販売する、セブン‐イレブンならコンビニを経営するってことですか？
- そうよ。そしてその各業種が今すごいかではなくて今後伸びるかどうかというのが重要なところなの。
- 株価は投資家の期待を反映するものですものね。
- ええ、例えば5年後もみんな自動車を今まで通りほしがるか、コンビニを利用していくかということね。今すごいだけではだめなの。あくまで将来がポイントよ。じゃあこの2つの業種についてみんなはどう思うかしら？
- うーん、メーカー毎の車の性能はようわからんけど、カーナビが最近ネ

ットにもつながるようになってるやんなぁ。ETCも含め、これからなんか面白くなりそうな気がするんやけど。

- 遊太くん、たまに鋭いわね。カーナビの場合、それを作るのは車の部品会社の話になるけど、そういう機能の付いた車が今後売れると見越せば、結果として部品会社も、そして最終的に製造・販売する会社も業績は上向きそうね。そういう時代の流れに沿った将来性というものを考慮して、これから期待できる業種に投資するべきなのよ。
- なるほどぉ。
- （僕だって!!）
- じゃあコンビニのほうは？
- これからも他のコンビニと差を付けていけるか、また24時間営業を始めたスーパーやドラッグストアと違ったことをやっていけるかが鍵になるんじゃないでしょうか？
- 勤くんも鋭い！　やっぱ身近な話題だとみんなそれなりに考えているわね。
- （むふふ、いける気がしてきた）
- （勤くん、なんで笑ってるの!?）

業績を変えうる要因

- 次はもう少し細かく見て、何が企業の業績を変化させる要因になるのかを見ていきましょう。企業側でも**業績見通しの上方修正・下方修正**を行なったりするけど、その理由を自分たちで先読みしていくことが重要よ。どんな理由があると思う？
- さっきの車の話でも出たけど、**新商品・新技術の開発**はやはり企業にとってプラスになりそうだわ。
- そうやなぁ、とくに特許なんか取ってしまえば、一定期間は技術独占してウハウハか、特許料とかでさらにウハウハやもんな。
- そうね、確かにこれはプラス要因と見ていいと思うわ。じゃあ、**事業の拡大**、例えば**新分野への参入**や**他社との提携・M&A**はどうかしら？
- ん、その前にM&Aってなんですか？

- M&Aとは、合併（Merger）、つまり２つの企業が１つになることと、買収（Acquisition）、つまり片方の企業がもう片方を買って自分のものにすることですよ。
- へぇー、そうなんかぁ。じゃあ先生が言ったことはどれも企業の売上アップ、利益アップにつながりそうだからプラス要因やな。
- そうかしら？　無理にいろいろなことに手を出していたら結果的に自分の首をしめることにならないかしら？
- 彩さんの言う通り、これらのことが常にプラスに働くとは思っちゃダメ。でも基本的には企業も考えて行動しているわけだし、決算書や事業拡大にかかる費用などを見て、無理していると考えられるとき以外は利益を上げる機会を増やしているのだから、業績に対してプラスに働くと見ていいわよ。では反対に**事業の縮小やリストラ（工場・機械の整理縮小、人員削減、給料の減額など）**はどうかしら？
- 企業が無駄なコストを削って経営効率を上げ、収益体質を強化しているのですからプラスに働くのではないでしょうか？
- 　お前の表現むずいねん……結局無駄をなくしてやるべきことにお金回してるからＯＫってことやろ？
- そうです！
- リストラも企業の体力を回復させるためにするもので、今現在は体力が弱っていることを示していることにはなるけど、将来的にはその回復が見込めるのならプラス要因と見ていいわ。リストラの目的やその後の経営方針がしっかりしているのならば、勤くんの言う通りプラス要因と言えるわ。そのあたりをきちんと見極めなくちゃね。
- はっ、はい！
- 先生、最近顧客情報の流出とか安全管理の不徹底みたいなニュースをよく聞くんですけど、そういうのって業績とか株価に影響を与えないんですか？
- そう、それも大事な要素ね。私たちの身近なところでミスをされたらどう思う？
- そりゃ産地を偽装してたり、衛生管理しっかりやってくれてなかったら、もうその会社の商品買う気なくすわ。

第2章　良い銘柄・悪い銘柄ってドコを見るの？
3時間目：企業の動きを捉えよう

- 僕たち顧客の個人情報を漏洩してしまったら、いくらその会社の商品の質が良くても、会社に対する信頼感は薄れますよね。
- うんうん。みんなが考えるようにこういった**不祥事**はやはり消費者に対する信頼をなくすから、結果として利益が減るのが目に見えるわね。だから結局株価もそれを見越して下がってしまうのよ。次に**天候**について説明するわ。例えば、冷夏になるとどういった業種に影響が出るかしら？　じゃあ勤くん。
- あまり暑くないから、エアコンや飲料水の需要は落ちると思います。
- その通り。つまり家電業界・飲料水業界にはマイナスね。じゃあ、今度は彩さん、逆に例年以上に冬が寒いとどうなるかしら？
- エアコンの需要はあがりますよね。それと、あったかい冬物の服がよく売れる気がします。
- そうそう、そんな感じに考えればいいわ。じゃあ遊太くん、雨の日が多いとどうなる？
- 雨降ったら外出するのめんどいからな〜。外食産業（ファミレス・ファーストフードなど）とか小売り（コンビニ・スーパーなど）は痛いんじゃないっすかねぇ。
- みんな経済を見る目がついてきて素晴らしいわ。このように天気・天候によっても業績は変わってくるから注意してね♪　ただ単に「雨が多いな」「暑くて死にそう」とか言うだけじゃなく、そこから企業業績を予想することが大事なのよ。
- はーい。

> まず大きな視点で、その企業が何をやっているのかしっかり把握し、その業種がこれから先伸びるかどうかを判断しよう。その後、少し小さな視点で、今までに書いたさまざまなニュース（太字部分）から業種、そして各企業のこれからの成長性を予測しよう。

資本政策

- 今度は業績アップには直接つながらないけど、株主・投資家にとって重要な資本政策に話を移しましょう。資本政策というと堅いけど、つまりは企業のお金の扱い方についての話よ。
- 確かに資本と言えばさっき勉強したように株主から集めた資金のことでしたからね。
- 今までにもう既に資本政策の1つを授業でやっているはずなんだけど、わかるかしら？
- はい、株式分割のことですよね。分割することで投資家に買いやすくして、さらに資金を呼び込もうということですから。
- その通り。昨日やったわよね。勤くん冴えてるわ。
- いや別にいつもどおりですよ。
- （いや、こいつ絶対いつもよりキレキレや！）
- その他にも増資・減資・自社株買いといったものがあるから一緒に見ていきましょう。まず**増資**。これは、企業が事業をやるのに必要な資金を集めるために新たな株を発行することを言うのよ。
- 株式数が増える、ということはたしかPERのところで出てきた1株当たり税引き後利益が小さくなって、PERは割高になってしまうんじゃないですか？
- んあ？　なんやっけそれ？
- 彩さんの言う通りよ。遊太くんは39ページで復習しなさいね。確かに短い期間で考えるとそうなるわ。けど、長期的に考えると……。
- 集めたお金でしっかり利益を伸ばせば結局1株当たり税引き後利益は小さくならないんじゃないでしょうか？
- またまた勤くんの言う通りよ。だから増資は全然マイナスに考える必要はなくて、むしろ利益が増えることを予測できる限り株価上昇要因と見て問題ないわ。じゃあ次に増資の逆、株式数を減らす**減資**に行くわよ。これは……。
- 逆ということは投資家が持っている株式数を減らして資本金を圧縮してしまうことですか？

- 勤くん、もうほめ言葉も見つからないくらいすごいわ。
- いやそれほどでも……。(確実な手ごたえ!!)
- 具体的に言うと100株を10株にするようなことよ。減資の理由としては損失の穴埋めが主で、そうじゃないときもあるんだけど、穴埋めしなきゃいけないほど業績が悪いんじゃないかという心理的不安から、たいていの場合は株価に悪影響を及ぼすわ。しかも、減資の後には新たに株を発行して増資する場合が多いの。これはつまり事業規模を維持するということなんだけど、既存の株の価値は薄まるから結局株価の下落要因になってしまうのよ。
- たしか**自社株買い**も減資みたいなものですよね？
- そう、自社株買いも自分の会社の株を自分で買うんだから減資同様株式数を減らすことになるわ。けど、こっちの場合は流通している株式を回収する目的の場合が多くて、悪いインパクトはないし、その後の増資もなく1株当たりの価値は高くなるから株価上昇要因なのよ。
- 資本政策っちゅうやつは業績より直接、株価に影響するんやなぁ。

増資：株式数を増やす。→短期的には1株当たりの利益が薄まり株価にマイナス。→長期的には新たに集めた資本で利益を増やすと見込まれればプラス。

減資：株式数を減らす。→理由は損失の穴埋めが主。そうじゃなくても心理的不安は広がる。かつその後の増資で既存の株式の価値は薄まる。→マイナス。

自社株買い：同じく株式数を減らすことになるが、過剰に株が出回る状況を改善し、株主に利益を還元するのが主な目的。→その後の増資もなく、1株当たりの価値は高まるのでプラス。

4時間目：チャートの分析

🧑‍🦰 さぁ、今までが**ファンダメンタル分析**だったのに対してここからは**テクニカル分析**よ。

🧑 （放課後思い切って誘ってみようかな……うーむ）

🧑‍🦱 確か株価の流れを分析することでしたよね？

🧑‍🦰 そう。イイ男にも旬があるでしょ？　それを見極めるための分析ってことよ♪　まずはこの表を見て。

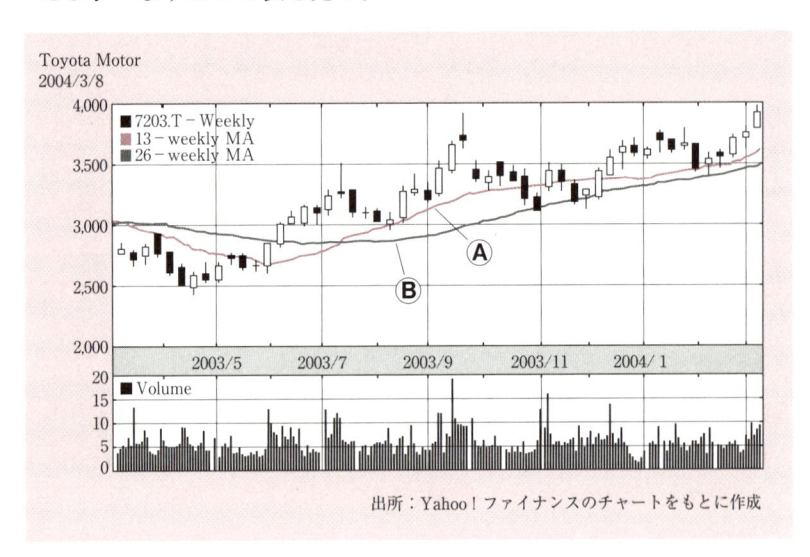

```
Toyota Motor
2004/3/8
7203.T - Weekly
13 - weekly MA
26 - weekly MA
```

(チャート: 2003/5 ～ 2004/1、株価 2,000～4,000、Ⓐ Ⓑ の印あり、下部にVolume)

出所：Yahoo!ファイナンスのチャートをもとに作成

ローソク足

🧑 普通のグラフっぽいけど、なんか変な固まりがあるなぁ。

🧑‍🦰 まずはこの固まりから説明していきましょう。これを**ローソク足**って言うんだけれど、まず白と黒の違いは何だと思う？

🧑‍🦱 なんとなく、黒の方が悪いイメージだけど……。

🧑‍🦰 実際そんな感じよ。その日の最初に付いた値段（これを**始値**という）と

最後に付いた値段（こっちは終値（おわりね））を比べて、始値のほうが安ければ白、高ければ黒ということよ。ちなみに白い方を陽線（ようせん）、黒い方を陰線（いんせん）と呼ぶのよ。

要はその日のうちに株価が上がれば陽線・下がれば陰線ってことやね。じゃあこの長方形の上とか下についてる線はなんですか？

これはヒゲと呼ばれるもので、その日付いた値で一番高いもの（高値（たかね））と、一番低いもの（安値（やすね））を表すのよ。

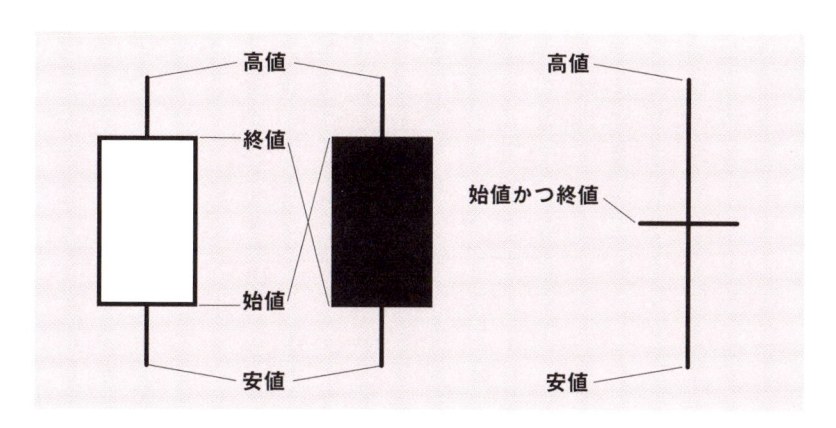

今は1日のローソク足だったけど、これを日足（ひあし）と呼ぶの。他にも週足（しゅうあし）・月足（つきあし）なんかがあって短期的視野で見るか、中・長期的視野で見るのかで使い分けるといいわ。

トレンドライン・抵抗線・移動平均線

先生、でもこれを見ていちいち全部のローソク足を検討していくのではきりがない気がするんですけど……。

そうね、細かい動きが重要なときもあるけど、基本的には大きく株価の流れを判断する必要があるわ。そういうときのためにトレンドラインや移動平均線があるのよ。トレンドラインっていうのはローソク足の動きを大まかに追ったときにどういう流れになるか、つまり細かい上げ下げはあるけど、全体的には上昇傾向だとか下降気味だとか、一定の範囲を

行ったり来たりしている（これを株価が**ボックス圏**にある、という）とか、そういうもの。また、ボックス圏のときなどとくにそうなんだけど、ある一定以上は株価が上がらないとか、逆にある一定以上は下がらないという上限・下限みたいなものが見えてくることがあるわ。これをそれぞれ上値の抵抗線・下値の支持線と呼ぶのよ。

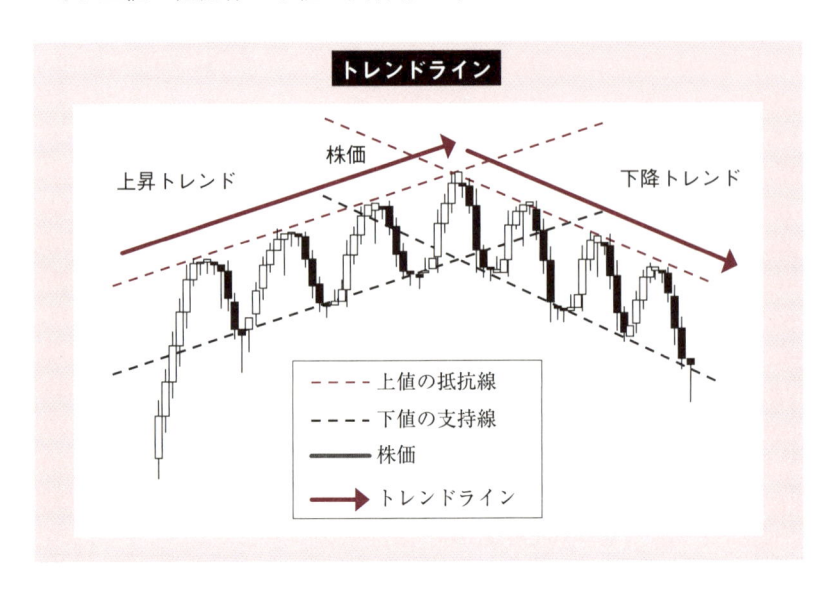

トレンドライン

上昇トレンド　株価　下降トレンド

----- 上値の抵抗線
----- 下値の支持線
―――　株価
――▶　トレンドライン

- じゃあ移動平均線ってなんですか？
- 移動平均線は50ページの図にのってる線Ⓐ・Ⓑのことよ。これは過去の一定期間の終値を平均したものをグラフ化したもので、相場の流れを判断するときに使うものなの。また、株価がこの移動平均線から離れている割合を示す**移動平均線乖離率**は売買するときの判断材料のひとつよ。
- ブツブツ。（どうやったらうまく誘えるのだろうか……）
- へぇ、2つもあるんや。
- そう、Ⓐを短期線、Ⓑを長期線と言うの。短期線が長期線を下から追い越したときは**ゴールデンクロス**といって一般的に「買い」のタイミングなのよ。
- おぉ〜、確かに名前的にもすごそうや！
- 逆に短期線が長期線を上から下に突き抜けたときは**デッドクロス**と呼ば

れ、「売り」のサインとされているわ。
- ブツブツ（案外強目にいくべきだろうか？）
- 勤くんさっきから集中してないでしょ！　4時間目で疲れてくるとこだけど、気を抜いちゃダメよ。
- す、すいません。
- つとむぅ〜、女のことでも考えてたんちゃうかぁ〜？
- どきっ。
- え……まじで!?
- まあ男の子だから、勤くんだってそういうことを考えるのは当然よ。私はとってもいいことだと思うわ。けど、今は授業に集中してね。
- はい。すいませんでした。（先生にマイナスイメージを与えてしまった……）

ゴールデンクロス・デッドクロス

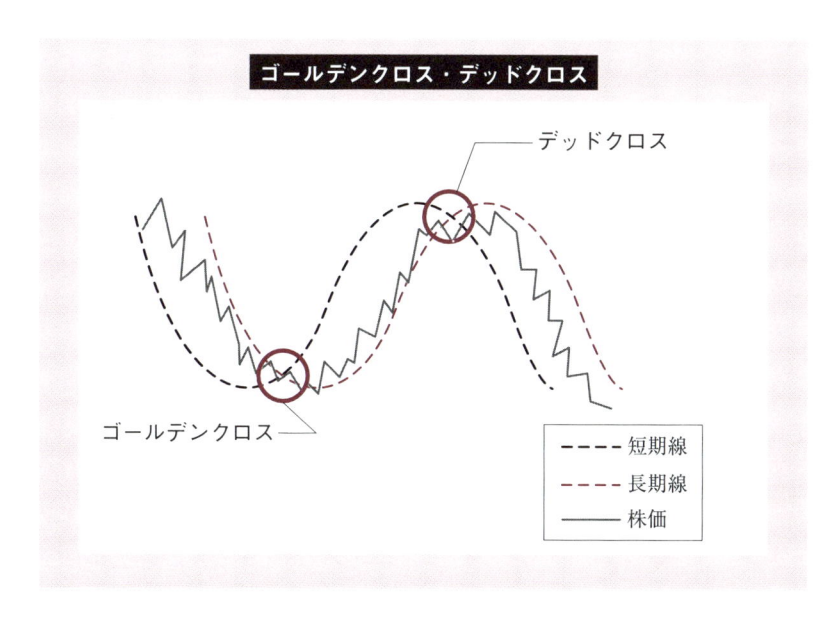

- ---- 短期線
- ---- 長期線
- ── 株価

出来高

- じゃあ名誉挽回のために勤くんに質問するわ。50ページのチャート表の下の棒線グラフは何を表していると思う？

- えーっと（わからない……）。株の売り買いされた数？
- さすが勤くん、予習はしっかりこなしてきているのね。だからといって授業で手をぬいちゃだめよ。
- はい‼（希望の光が！）
- （やっぱりこいつ紀香先生にほれてるんだ……）
- これを**出来高**と言うの。この数字が大きいということはその銘柄の売買が活発だということになり、株価も動きやすいわ。

格付け

- 最後に**格付け**について説明するわね。これは相撲の番付とかと一緒で、銘柄を一定の基準で1～3やA～Cのような形で順位付けしたものよ。証券会社や研究機関の証券アナリストと呼ばれるプロたちが、企業への質問・詳細な市場調査などを通して格付けを決めるのよ。まあ私も若い頃は周りの男たちを格付けしたものよ。
- （やっぱこの人すごい……）
- （かっこい～）
- 格付けと一緒に**目標株価**と呼ばれる、ここまでは上がるんじゃないかというアナリストの予想も一緒にあることが多いから参考にしてね。
- なんかエキスパートの人たちに上がると言われると本当に上がりそうですね。
- そうね。同じように考える投資家は多くて、格付けの高い銘柄はそういった期待感から、株価が上がる場合も多いわ。これが昨日習ったように株式投資は**美人投票**だと言われる理由ね。
- 紀香先生はみんなから美人だと思われてるから株価は常に上昇してますね。
- （うわ～、べたなほめ言葉……）
- そりゃもちろんそうよ。格付けは当然高いでしょうし、私に群がる男は数知れず♪
- （先生も先生でノってもうたよ）
- （否定しないんだ……）

(やっぱ紀香先生はすごい！)

こんなところで私の授業は終わりよ。みんな今日やったことはこれから必要な知識ばかりだからしっかり復習しておいてね。

はーい。

(え、もう終わりなのかぁ……)

明日はマッチョで汗臭い……いや、男らしい先生がしっかり授業してくれるから楽しみにしててね。

(ずっと紀香先生がいいよぉ！！)

それじゃあまた私は新たな男選びでもしようかしら♪　またどこかで会いましょ。じゃあね〜。

せ、先生！！

どうしたの？

あ、あ、あの……その……僕……先生にお話が……。

(いけー勤！！！)

ん、相談かしら？　ごめん、私急いでるの。じゃあ最後に1つだけアドバイスをしてあげるわ。勤くんは頭いいけど、男も企業も安定して成績や業績がいいだけじゃだめよ。それじゃ女の子や投資家は惹き付けられない。大事なのはそれ以上のインパクトよ。だから勤くんももっと意外性というか勉強だけじゃないってとこを見せてほしいわ。それじゃあまたね。

はい……。(つまり今の僕じゃだめだってことですね)

勤、ドンマイ。世の中紀香先生だけが女じゃないって！

う、うん(涙)

コラム1　株式投資とは「自立する個人の育成」

――津田さん、いきなりですが株式投資の重要性についてズバッとお願いします！
　株式投資っていうのは、今までの銀行中心の貯蓄による他人任せの資産形成と異なり、リスクとリターンを考えながら企業選択を行なう「自己責任による資産形成」のツールです。

――なるほど。確かに個人の資産運用でリスクをとってリターンを得ようとするものはこれまで日本にあまり浸透してなかったですよね。
　そうですね。さらに株式投資は企業の効率的な経営を促し、ひいては資産の最適な配分による経済社会の確立につながると同時に、来年のペイオフ全面解禁を考えると、自己責任による長期的な資産形成を通じて「自立する個人」を育成する重要な経済行為といえますね。

――「自立する個人の育成」ですか。かっこいい言葉ですね。今後使わせて頂きます。
　どうぞ（笑）

――ええと、次の質問ですが、津田さんは長年株式投資をやってこられましたが、資産形成以外の株のメリットとしてどのようなものをお考えですか？
　株式は、市場に関わるマクロ要因と個別企業に関わるミクロ要因の影響を受けながら動きます。つまり、株式投資を通じて、市場参加者の投資心理、動向、資金需給のほか、内外の政治・経済の動向や社会情勢、為替・金利・商品市場の動向などのマクロ要因や、業界の動向と企業の事業方針、企業業績の現状と今後の見通し、企業の持つ技術・経営陣などのミクロ要因を自ずと勉強することになります。

――自分たちも株をやって実感したことですが、株式って考慮すべき要因が本当にたくさんありますよねぇ。でも、やりだすとこれが楽しい（笑）
　そうですね。こうした変動要因を理解することで、今まで遠い存在であった内外の政治・経済・社会だけでなく、企業動向・技術などを身近に感じ、自分の仕事や生活との関連に気付くことになるんですよね。さらには、市場を最終的に形成する人間の心理と行動、企業・個人の飽くなき利益追求による経済のダイナミズムを見ることができますよ。同時に、経済のグローバル化から世界の市場が1つであることを、株式投資から実感することになりますよ。

――うーん、津田さんの話を聞くと、株式投資の重要性を再認識しますねぇ。今日は本当にありがとうございました。

津田　栄氏
Agents顧問。大和證券に入社後、日本団体生命保険、大和投資顧問、ドイチェ・モルガン・グレンフェル投信投資顧問などを経て、現在は、アナリスト、エコノミストとして活躍。村上龍編集長主宰のJapan Mail Magazineの寄稿者として有名で、日本経済の本質を一貫してヒューマニズムの視点から捉え直す。

第3章　株が上がったり下がったりするのは ナニが基準？

株レラ先生の紹介

日本マッスル大学主席、MIT（めっちゃいかついティーチャー養成学校）留学。
その後、なぜか株式運用の世界に転身し、この人が動けば相場が動くと言われるほど株式投資に精通する人となる。

［その他の情報］
給料のほとんどがプロテインに消え、筋肉もりもり。
昔はどっかのリーグで野球をやってたとのうわさも……。
昔から体育会系ということもあって、かなり授業は激しいらしい。
「株式投資は一番の社会勉強だ。株式投資こそが未来の日本を作っていくのだ」との熱い思いのもと、株式投資普及に尽力している。

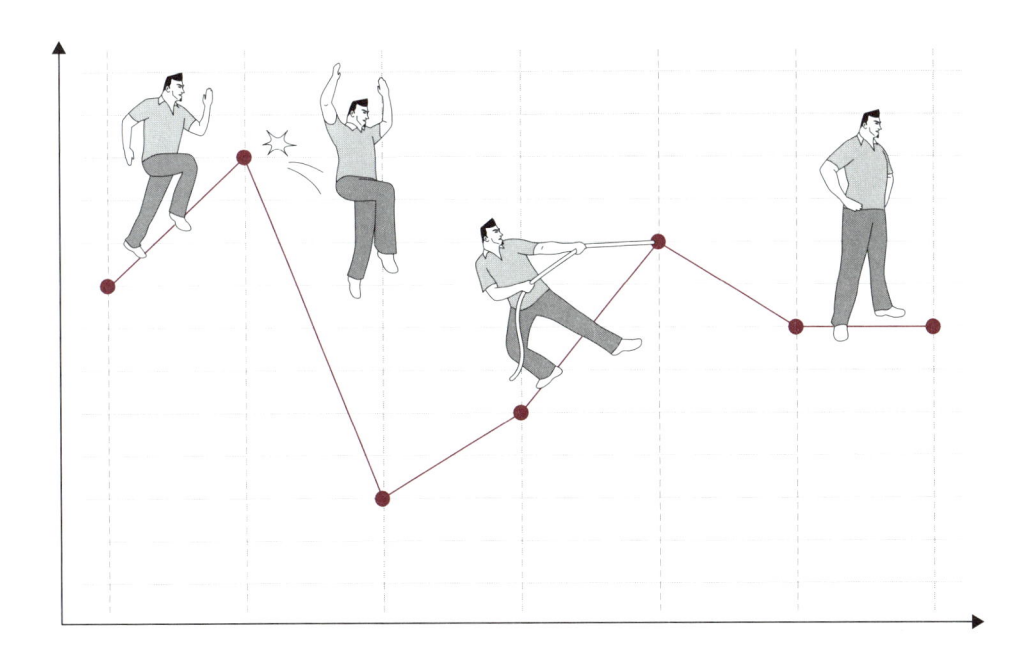

1時間目：バブルって何？

株レラ：こんにちは、株レラだ。俺の上腕二頭筋は最高だろ！　はははははは！

遊太：（キ、キモい……）

彩：か、かっこいい……。

遊太：（うそっ、こいつマッチョ好きなんや……。勤といい、彩といい、このクラス変わっとるな……）

株レラ：よし、いいか、お前らよく聞けよ。今までのところでお前らは株式投資の基本を学んだな。今からはちょっと応用をやっていくぞ。こういうところを考え出すと、**株式投資を通じて社会勉強**もできるぞ。さぁ、スパルタで行くぞ。はははははは！

遊太：（なんでこんな体育会系なんや……？）

勤：株式投資を通じての勉強ですか。たしかに、投資をしていく過程で会社を分析することについて勉強になることはわかりましたが、社会勉強というほどの勉強になるのでしょうか？　いまいちイメージが持てないのですが……。

株レラ：そーか。それでは少し教えてやろう。お前ら、よく聞け。**バブル**というのを聞いたことはあるか？

遊太：株価が異常なくらいまでバカ上がりして、みんながウハウハだった時代のことやんな。その後、逆に株価がバカ下がりして、損する人がめちゃくちゃ増えたよな。いわゆるバブル崩壊ってやつやね。

株レラ：その通りだ。お前ら、**日経平均**って聞いたことあるか？　株価全体の動きを知るために最もポピュラーな指標で、今は1万円ちょっとだが、1990年頃のバブルのときは4万円近くもあった。つまり同じ株を持っていても、株価はだいたい今の4倍くらいあったわけだ。今100万円持っているのが、400万円だったら……当然景気は良かった。

彩：でも逆に言うと、バブル崩壊後だけ考えると、価値は4分の1ってことですよね……。

株レラ：そういうことだ。それがバブルだったわけだ。ちなみに、お前らがよく

聞くバブルというのは1990年頃のバブルのことだが、2000年頃にもバブルはあったんだぞ。俗に**ITバブル**といわれるもので、ネット・IT関連企業を中心として株価が異常なほど高騰したのだ。ネット・IT関連企業は少ない投資資金で、長期的に莫大な利益を上げられるものだという幻想が株価をつり上げた。

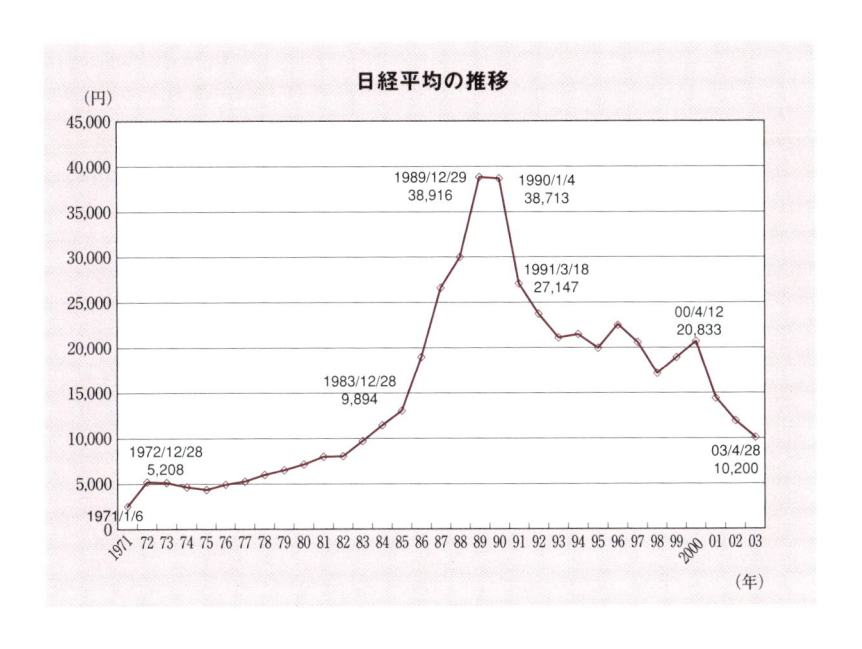

日経平均の推移

(円)
- 1971/1/6
- 1972/12/28　5,208
- 1983/12/28　9,894
- 1989/12/29　38,916
- 1990/1/4　38,713
- 1991/3/18　27,147
- 00/4/12　20,833
- 03/4/28　10,200

- 俺の親はバブルで失敗してたな……。
- （君も似たような人生を送りそうだな……）
- まぁ、遊太、『人の振り見て我が振りなおせ』だ。株式は扱い方を間違うとそういう危険なものにもなる。バブルはそのいい例だ。しかし、株式は勉強になることもたくさんある。株価というのはただランダムに上がったり下がったりするのではなく、企業業績や世界情勢、政府の政策、そして市場参加者の思惑などがからんでくる。**日々の新聞のニュースが反映**されるわけだ。
- 俺は毎日、日経新聞読んでるおかげでみんなから『経済通』ってよばれとるで！

- わははは！！　楽しんで勉強できているのはすばらしいことだ。
- そうですよね、うふふ。
- ……。
- それぞれの市場参加者が日々のニュースを解釈し、今後の企業動向にどういった影響が出るのかを予想する。そしてその予想を元に株式を売買する。つまり株式投資では、ニュースを元に『市場参加者がどう予想して、どう行動するか』を予想した者が勝つ！　**市場心理を読む**ってことだ。バブルでは金儲けに目がくらんで皆の企業業績の先行きに対する予想がおかしくなっていた。だから異常なほど株価が上がってしまったのだ。冷静にニュースを分析していた人たちはさっさと株式を売り、利益を確定させていたのになぁ。はははは。
- 先生、もしかしてバブルで儲けまくった人の１人……？
- バレたか。俺はバブルが崩壊する前にきちんと株式を売って利益を得ていた。俺は極めて冷静だからな。ぬはははは！　お前らもニュースをきちんと分析できるようにならねばならん。株式市場においては、**今後の経済状況が良くなると思うようなニュースが流れると、将来の企業業績への期待が大きくなって株価が上がる**。その具体例を今からちょっと教えてやろう。

2時間目：景気・経済指標

- 最初は**景気・経済指標**について教えてやろう。お前ら、こんな言葉聞いたことあるか？　失業率・景気動向指数・原油価格・GDP成長率・経常収支・財政収支・景気一致／先行指数・鉱工業生産・機械受注・新設住宅着工件数・有効求人倍率・半導体集積回路生産高・マネーサプライ・消費者物価指数・設備稼働率……。
- 先生、ストップです。意味不明です。

（先生のあの腕の筋肉、ス・テ・キ♡）

（あかん、こいつ、いってもうてる……）

いいか。これらの数値は、発表されるやいなや市場に影響を及ぼすものだ。例えば**新設住宅着工件数**、これは文字通り、現在新しく建設し始めた住宅の数を表したものだ。この数字が大きければ、消費者には家という大きな買い物をするほどの余裕があるのだから家計にお金があると判断される。また家という大きな買い物に伴い、相当額のお金が建設会社などの企業側に流れてくることになる。しかも、建設会社はたくさんのお金が入ることで設備投資や従業員の給料額を増やす。こうした一連の流れから経済環境が良くなると判断されるので、この数値は大きければ大きいほど市場に好影響を与え、株価を押し上げることになる。数値とはいかなる場合も重要だ。お前らも体脂肪率やカロリー数はきちんと計算するだろ！　ぐわっはっは!!

……。な、なるほど。1つの指標の発表でそこまで判断できるんですね。

半導体集積回路生産高はわかりやすいだろ。半導体の生産高が増えてるってことは……。

半導体業界とか、コンピュータ、電機関連の企業に好業績が期待できる。したがって、そういう業界の株価は上がるということですね。

いいぞぉ。わかってきたな。

なるほど、こういう指標の発表も見たほうがいいんやな。

たしか日経新聞にもそんな指標がのってた気がするわ。

そうだ。インターネットや新聞、テレビを見てれば当然こういう数値は目にする。ただし、これらの数値が良いからといって無条件に株価が上がるとは思うなよ。**株価は市場心理に作用される**。例えば市場参加者が、GDP成長率を5％くらいと予想していたなら、株価にはそれが反映されていて、すでにある程度上がっている。そこで、実際に数値が10％アップと発表されると、より市場心理が良くなり、さらに株価は上がる。逆に1％アップと発表されても、予想以下ということで失望した投資家が株を売り株価が下がることもある。株式投資とは、心理戦なのだ!!　市場心理を読め!!　新聞を読んで状況をつかめ!!　頭を使え!!　そして勝て!!　がはがはがは!!

🙍‍♀️ (きゃ、先生と話しちゃった♪)

🙎‍♂️ こういった数値について役に立つものを一覧の表にしておいた。ぼろぼろになるまで勉強しろ。筋肉もとことんいじめてやらねば喜ばん！ それと同じだ！ 頭もとことんいじめてやれ！ 経済指標の発表日については、インターネットで調べたらすぐわかるぞ。「経済指標・カレンダー」をキーワードにして検索してみろ！ 新聞見るのが本当に楽しくなるぞ！

> 経済指標はその後の市場心理に影響を与える。
> 日々、新聞・雑誌・テレビ・インターネットの情報を気にかけること。

お名前	なんですか、それは？	どういう場合に株価にどう影響するの？	重要度
機械受注実績	そのままだが、機械メーカーがどれだけ受注を受けたかという数値。	機械メーカーが受注を受けた数が多ければ、それだけ設備投資が盛んということ。これは、設備投資にお金を回すほど企業にも余裕があるということであり、設備投資がさらなる投資を生み、経済にとってはプラス。	5
鉱工業生産指数	生産業に従事する企業がどれだけ製品を作ったかを数値化。	多ければ、それだけ需要があるということで、数値が大きければ大きいほど市場期待も大きくなる。	5
日銀短観	企業の経営者に景況感に関するアンケートを行ない、業況が「良い」と判断している経営者と「悪い」と判断している経営者の比率示す。経営者マインドを見るには格好のデータ。	結局企業活動は経営者の考えによって動くものであるから、経営者がどう現状をとらえているかは重要。「景気は気から！」と言ったりもするし。	4
実質経済成長率	日本のGDP（国内総生産）の成長率を示す。つまり経済規模の変化。	大きければいい。経済規模がでかくなるということはそれだけ企業の利益を生み出すところが増えるということ。	4

第3章　株が上がったり下がったりするのはナニが基準？
2時間目　景気・経済指標

消費者物価指数	1年前と比べて商品などの全体的な値段、つまり物価がどれくらい変化しているかを示している。前年度を100として数値化した。	例えば1年前に比べて給料が3％上がっても、物価が5％上がれば、実質的には暮らしは苦しくなる。同様に預金金利が0.1％でも物価が2％下がっていれば、実質的に預けたお金の価値は2.1％分上がったことになる。消費者物価の動きは、お金の価値が実質的にどの程度変化したかを示す。 この数値が高すぎたり、低すぎたりするのは良くない。今はデフレでこの数字が90台になっている。これが100台に戻ってくるといい感じ。	3
完全失業率	働きたいのに働けない人がどれだけいるか。	失業者が多ければそれだけ企業に余裕がない証拠。 数字が小さい方がよい。	3
景気動向指数	景気の動きを敏感に反映する経済データの中で、3カ月前と比べて景気拡大を示すものが全体の何％あるかを表す。	純粋に経済状況がどうなるかを示しているので、数値が大きければよい。しかし、景気の方向感はわかるが、力強さなどはわかりづらいので、重要度はさほど高くない。	2
マネーサプライ	金融機関を除いて、民間にどのくらいのお金が存在しているか。	企業活動にはやっぱりお金が必要であり、この数値が大きいのはいいこと。だが、最近日銀による過度のお金の供給により、あんまりこの数値の信憑性がなくなってきた。	1

3時間目：金利

- 次は**金利**だ。こんなの余裕だな。わはわはわは♪
- （やっぱこの先生変や……。言うてることは正しいけど……）
- ここで言う**金利とは国債の利率と政策金利**のことだ。というのも、銀行の金利など、金利と名の付くものは、国債の利率や政策金利から派生するものだからだ。
- 先生、政策金利ってなんですか？
- 政策金利とは、中央銀行（日本では日本銀行）が金融機関に金(カネ)を貸すときの金利だ。それに応じて銀行なども貸出金利を決める、つまり政策金利を上下させることで、市場に流れていく金の利率を決定し、市場の金の流通を調整できる。
- 金利を上げ下げすることの意味があまりよくわからないのですが？
- 金利が上がれば、企業にとっては金を借りた場合の返済負担が増えるわけだから、金を借りて何か事業をやったり、家を買ったりしようとする意欲がそがれる。すると設備投資の額などが減り、従業員の給料も下がるという循環になる。それによって逆に金利が下がれば、返済負担が減るわけだから資金を借りようとする。それによって設備投資額などが増え、経済が活発化する。要するに、**政府・日銀が金利の引き下げを発表すると、市場にもっとたくさん金があふれるのではとの期待が生まれ、市場が好転する**ことが多いということだ。
- なるほど。最近よく言われているゼロ金利というのは、日本の金利がほとんど0に近く、金融政策が機能せーへんってことやねんな。0.10％なんて数値やったら、それ以上下げる余地があまりないもんなぁ。
- そうだ。その通りだ。金融政策をやっている日銀に文句言ってやれ。がはははははぁ〜！ 俺のようにもっと筋肉を鍛えろ！ そしたらもっといい政策が出るぞ！ うお〜！
- （なんやねん、こいつ……）
- バブルにも金利が関わっていたのだぞ。金利の引き下げにより大量の金

が市場に出回ったため、会社も個人もより有利な運用先を求めて株の買付に向かった。そのため株価が実態経済とかけ離れて、泡のように膨らみ、全体的に株価が急激な上昇に転じたのだ。

- とすると、バブル崩壊のときには金利が上げられたりしたんですか？
- よし、よくわかっているな。株価が実態経済を反映していないことが市場に理解されだしたこともあるが、金利が上昇したこともバブル崩壊の理由の1つだ。金利が上昇したことで株式市場から大量のお金が引き揚げられ、バブル時代に大量の株が発行されていたことから、供給が需要を大きく上回って株価は大きく下落した。バブルは崩壊したということだ。
- 世の中いろんなことがつながってるねぇ。

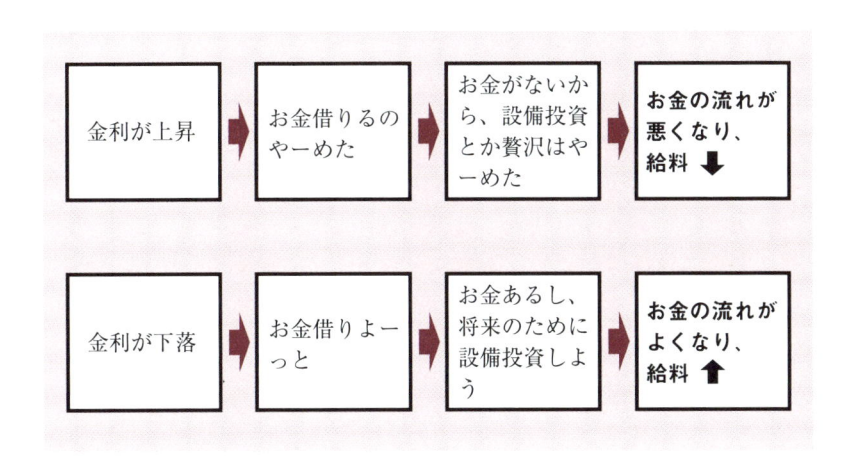

| 金利が上昇 | → | お金借りるのやーめた | → | お金がないから、設備投資とか贅沢はやーめた | → | **お金の流れが悪くなり、給料 ↓** |

| 金利が下落 | → | お金借りよーっと | → | お金あるし、将来のために設備投資しよう | → | **お金の流れがよくなり、給料 ↑** |

- 金融政策にも着目しないといけないんですね。
- 新聞に日銀の金融政策決定会合とかいう文字がのっていることがある。そういうのもよく見とけ。次に国債の金利だ。たぶん理解してないやつが多いと思うが、**国債の価格が下がるのと、国債の金利が上がることがイコール**なのはわかるか？
- 国債の価格が下がると、金利が上がる？　う〜ん？？？　先生わかんないでぇ〜す。えへ。
- 例を挙げて考えたらわかるで。国債が2002年4月に100円で発行される

とするやんか。仮に利率が年5％やとしたら、1年後に国債もってりゃ105円もらえるやろ。その後株式市場が好調になって、国債を買いたいって人が減ったため、国債の価格が90円まで下がったと考えてみ。90円で国債買った人は2003年4月に105円もらえるやんか。ほな実質利率は16.7％（＝|5+(100−90)|÷90×100）ってわかるっしょ。ほら、国債の価格が下がれば金利が上がってる。

- 遊太くん、なんでそんなに詳しいの???
- 遊太、やるな！ ……って、教科書を丸読みしただけじゃないかー。
- 遊太くんらしいね……。

$$
\text{国債 最終利回り} = \frac{\text{もともとの利率} + \dfrac{\text{額面価格(100円です)} - \text{購入価格}}{\text{残りの年月}}}{\text{購入価格}} \times 100 (\%)
$$

- さ、そんなのはおいといて本題だ。国債は安定資産であり、不況のときは株式市場があまり良くないので安定を求めて国債が買われる。つまりその勢いが続くと、国債の値段が上がり金利は下がる。金利が下がるということは、金を借りやすくなるため、設備投資が上向き、景気・企業業績が良くなりだす。とすると、株式市場の方が運用益が出やすくなるので、あまり国債は買われずにその分の資金は株式市場に流れてくる。つまり、**株式市場と国債市場とは互いに相反する関係にある。**よって、**株式市場に投資するときは、同時に国債の値段などにも気を配っておく必要がある**と言えるな。
- ということは、国が借金しすぎて国債を乱発すると、その分株式市場のお金を吸い上げてしまうことになりますよね。これはいけませんね。
- かといって、国債がまったく買われずに株式市場にばかりお金が行くと、政府予算が成り立たなくなる……。難しいわね。
- 結局、公共事業とかで市場に金をばらまいても、国債を乱発してお金を

吸い上げたら、あかんやん。それと、最近よく聞くけど、銀行がたくさん国債を買ってるらしいやんか。

遊太、お前よく知ってるな。そこにまた問題があるのだ。さきほど、金利が下がればその分資金が株式市場に流入し、株式市場は良くなると話した。しかし、株式市場がよくなった分、相反する関係にある国債市場からお金が引き上げられます。そして、国債価格が下がって、たくさん国債を持ってる銀行にとっては、資産が減ることになる。すると、銀行株はそれが懸念材料になって株価が下がることになる。それに、銀行の資産が減るとどうなるかわかるか？

貸し渋りとかするんちゃうの？　よく聞くやん。

お前冴えてるな。自分の資産が減ってるのに、他人に金を貸すのかという話だ。お前らも、自分の小遣いが残り1,000円のときに他人に金を貸すか？　それと同じだ。つまり、国債の値段も気にしながら、その上、株式市場が上がることを願っているぎりぎりの状態が今の日本だ。株式の勉強をすれば、いろいろなことが見えてくるだろ。たったこれだけ勉強しただけなのにな。簡単だろ？

ほんまですわ。こんなんなら株式投資よりも女の子をデートに誘うほうが断然難しいわ。

……。

そうだな、遊太。女心は難しいよなぁ。がはがはがは♪

（あぁ、紀香先生……）

先生なら絶対大丈夫ですよぉ！！

といったところで、少し休憩だ。

金利と株価はシーソーのような関係にある。
即ち、金利が下がると株価は上がり、金利が上がると株価が下がる傾向にある。
これは金融緩和策がとられ金利が下げられると、市場に出回る通貨の量が増え、その一部が株式市場に流入し株価が上昇する。逆に、金融引締め策がとられ金利が上げられると、市場から資金が引き上げられ、株価が下落する。

> また、金利が低ければ銀行預金をしたり国債を買うより、高い投資収益を求めて株を買う人が増え、株価が上がる。逆に金利が高くなれば、値下がりリスクのある株を売って、高利率の国債を買ったり、銀行の定期預金に預ける人が多くなり、株価が下がる。
>
> 株式投資においては、株式市場のみでなく、国債市場、金融政策（政策金利）をも注意して見ておくべし。

4時間目：為替

　休憩中、株レラ先生は筋トレ用機械のパンフレットを読みながら、ずっとダンベルを上下させている。

🧑 それにしても、俺の背筋はまだまだ鍛えが足らんな。次はどの機具を買おうか……。

　完全に1人の世界に入っている。そんな中、彩が生徒たちとおしゃべりしている。

👩 最近、私ニューヨークに行ってショッピングしてきたのよ。でも海外旅行で面倒くさいのって両替よね。いっそのこと世界全体が円で買い物できるようになればいいのに。
🧑 そこにまた株式投資のヒントがあるのだ！
🧑 先生どういうことですか？
🧑 よし、お前ら授業にもどるぞ。例を出してみよう。ニューヨークで買い物をするため、手元にある1万円をドルに両替する。為替レートが1ドル＝100円であれば、100ドルになる。一方、為替レートが1ドル＝200

円となった場合には、50ドルになる。ということは同じ金額の円について、1ドル＝100円のときの方がより多くのドルを取得できる。逆に1ドル＝200円のときの方がより少ないドルを受け取ることになる。ちなみに、前者を**円高・ドル安**、後者を**円安・ドル高**と呼ぶのだ。つまり、ドルに両替したとき、**円高の方が同じ額の円を使ってより多くの買い物をすることができる**ようになる。

- 円高・ドル安ってよく聞きますよね。でもそれがなぜ株式市場に関係あるんですか？
- 彩くんがニューヨークで買い物をするように、日本の企業がアメリカから原料を調達することを考えてみろ。
- あ、そうか。円高の方が、同じ金額の円でもたくさんの量の原料を買えるのね。
- 逆に言うと、円安なら原料調達費用が割高になる。
- そういうことだ。では、逆にアメリカに物を売る場合はどうだ？ 日本で100万円で売っている自動車を考えてみろ。1ドル＝100円であれば、1万ドルで売ればいい。しかし、1ドル＝200円というように円安にふれたらどうなる？
- アメリカで5,000ドルで売るのと、日本で100万円で売るのとが企業側には同じ意味を持ちますね。
- 企業側の利益額は一緒なのに、アメリカの人たちが買う値段は半分。同じ商品で値段が半分になったら、さらに売れて企業側にはうれしい話よね。
- アメリカで同じ値段で売るとしたら、利益額が2倍になるしね。
- 要するに、**円安なら輸出業界がハッピー♪　円高なら輸入業界がハッピー♪** やね。
- お前ら、だいぶわかってきたな。円安なら輸出企業、つまり電機業界や自動車業界などの利益が多くなると予測できる。そうすると輸出企業の株価は上がる。しかし輸入企業、つまり電力・ガス・食品・紙・パルプ産業などは逆に利益が減ると予測できるので株価は下がる。円高のときはその逆になるわけだ。それと、**海外に依存する率が高いほど、為替の変動に合わせた株価の変動も大きくなる**。投資をするならこういうとこ

👩 ろまで見なければならん。

👩 先生が最初におっしゃった通り、いい勉強になりますね。新聞読むのがちょっと楽しくなりそうです。

👨 ははははは！　そしたらもう少し具体的に為替について考えてみよう。イラク戦争では為替はどう動いたか。総じて円高・ドル安になったのだ。イラク戦争の戦費負担によるアメリカ財政のさらなる悪化、テロ再発の懸念による心理的なドル売りなどが重なったからだ。

👩 先生とお勉強するの、すごい楽しいですぅ♪

👨 それともう１つお前らに教えてやろう。円高・円安がそれぞれ輸入業界・輸出業界の業績にプラス要因になるのは既に教えた。しかしどちらに為替が動くにしろ、あまりに急激な変動が起きると、輸出業界・輸入業界の一方にかなりの負担が生じ、結局のところ株価全体に悪影響を及ぼす。例を考えて見ればわかる。急激な円安で自動車業界がものすごい利益を上積みしても、一方で食品業界が困窮して食べ物の値段を大幅に上げれば、日本全体としてはそんなにいいことではないよな？

👨 確かに、僕ら庶民にとって食べ物の値段が上がることは痛いから、家計を維持するために出費を減らすことになりそう。そうしたら、いくら海外で車が売れても、日本国内では車の売れる数は減りますね。

👨 そうだ。だから、**急激な為替変動がないように、政府・日銀が国家予算を使って為替市場に介入する**こともある。だからこういう政府・日銀の政策にも注意せねばならぬのだ！

👩 先生の説明ってすごくわかりやすい♡

👨 ぬははは！　そうか！！！　ははははは！

為替の動きは企業業績に大きく影響を及ぼす
輸出企業⇒円高↓　　円安↑
輸入企業⇒円高↑　　円安↓

（補足）円高傾向になれば、為替差益を狙って外国人投資家が日本株投資を増やすとともに、円高対策で政府が政策金利を引き下げたり、外国人による日本の国債購入により国債価格が上昇し金利が低下するなど、株高要因になる。

しかし、結局のところ円高・円安のいずれにしても、企業の対応力

> を超えた急激な為替の変動は株価にとってマイナスと言えるため、政府がどのように為替に介入してくるかも考えねばならない。

5時間目：政治・国際情勢

- むむ、俺の筋肉が筋トレを望んでいるな。残りは簡単だし、今まで少し触れてきたから、簡潔にいくぞ。
- えっ、めっちゃ適当やん……。
- まずはお前ら、政治だ。景気刺激策などの経済政策は政府が決定するのだから、どの政党が政権を握るか、誰がどういう省庁のトップになるかなどの政治動向も株価に影響する。公共事業をどうするかというのは、とくに建設業界にとっては大問題だしな。それと、政権争いや政界スキャンダルなどによる政治の混乱も経済政策の実施の遅れを引き起こしたり、改革を遅らせたりするという不安心理をあおり、株価にはマイナスの影響を及ぼす。
- たしかに、台湾では総統選挙でもめたとき株価下がってたな。株式市場にとっては、政治が安定していることがええんやな。
- 次は国際情勢だ。今まで何回も言ってきたように、イラク戦争のようなニュースも株式市場に影響を与えるわけだ。電車でのテロ懸念が広がると鉄道株は下がるし、SARS懸念ではマスクを作っている企業の株が上がるが、中国に工場を多くもつ企業の株価は下がった。これだけビジネスがグローバルになってきている現在、国外の出来事によって企業業績が影響を受けたり、戦争などによって不安が高まり株式市場からお金が逃げたりもする。
- 本当に株式市場っていうのは、あらゆるものを織り込んだものなんですね。こうなってくると、どんなに小さなニュースでも影響があるように思えてきますねぇ。

- 勤、その通りだ。新聞のはしっこに書かれている小さなニュースであっても、よく考えてみると企業業績に大きく影響を与えるものだったりする。それがわかるようになってくると、株式投資はより楽しくなるし、儲けも出るぞ！　ぐわっはっはっは！！
- その豪快な笑い方もス・テ・キ♡
- 俺の授業はこんなところか。次はもっと実用的なことをやるので、俺はここでさらばだ。さぁ、筋トレしよう。
- ……。
- 先生、携帯の番号教えてくださぁ～い♡♡
- （あかんわ、こりゃ……）
- （僕も紀香先生に番号聞いとけばよかった……悔やんでも悔やみきれない……）

政治動向にも注目すること

政治が安定する、構造改革が進む、これが現在株式市場に良い影響を与えるキーワードだ。

国際情勢にも気を付けること

具体的には、戦争、海外市場、疫病、テロなどに注意。

結局のところ……あらゆるニュースに気を付けなさい！

株レラ先生からの宿題
~情報の集め方~

遊太・勤・彩は授業も終わり、それぞれ帰路についた。そして、テレビでも見ようかと思ったそのとき、町内に株レラ先生の声が響いた。
「郵便でぇす!!!」
何かが届いた。送り主には「株レラ」と書いてある。
全員嫌な汗をかく……。

そして、郵便をあけると、そこにはこんなことが書いてあった……。
「プリントを送っておく。量が少なくて残念だが、これを見て明日の昼までに俺のところにレポートを書いて持って来い。なぁに、あと18時間ほどある。俺はトレーニングルームにて待っているぞ。がははははは！！！」

😶😑😐（絶句……）

以下はそのプリントです。

1．日経新聞の読み方

　日本で1番よく読まれている経済新聞。
　ビジネスマンが情報を集める際の基本ツール。
　2章2時間目・3章の今まで扱ってきた各種ニュースを知ることができる。

☆構成

紙面	内容	重要度
1面（見出し）	その日の最も重要なニュースを扱う。必ず読むべし。	5
1面右下	前日の日経平均・円相場・長期金利を簡単に紹介。要チェック。	5
1面（特集）	日経が最も力をいれる特集がこれ。経済の大きな流れがつかめる。時間があれば読みたい。	2
2面	社説・政治面。	2
3面	1面の記事内容を掘り下げたのが3面。1面のニュースの理解を深めるためにも読みたい。	4
きょうのことば	3面にある重要な経済用語や最新の技術用語など経済を読み解くのに必要な言葉を丁寧に解説している。	4
経済面	主にマクロ経済（一国の経済全体）に関する動きを扱う。	3
国際面	国際的なニュースや政治情勢を経済的な切り口から扱う。	3
企業総合	企業情報で重要なものを扱う。	5
企業	企業の提携・合併や新商品・新技術などを扱う。	4
企業財務	企業の決算や資本政策、業績、またその見通しなどを扱う。	3

紙面	内容	重要度
マーケット総合	1面の指標面を詳しく説明したのがこの面。株式市場全体の動きや目立った動きをした銘柄を扱う。詳しい指標欄もここ。	5
大機小機	マーケット総合面のコラム。経済に関するさまざまな視野が養える。	3
証券	前日の各証券取引所における全銘柄の値動きを示したもの。	5
経済教室	専門家・学者が経済問題の解説や提言を行なう面。	2

注1：日経平均―株価全体の動きを知るための最もポピュラーな指標。東証1部の代表的な銘柄225種を選び、その平均を出したもの。

注2：TOPIX－東証株価指数。東証1部に上場している全銘柄の時価総額（株式数×終値株価）の合計を、基準日である1968年1月4日の合計で割って100かけたもの。単位はポイント。東証1部全体の株価推移を知ることができるが、株価の大きい銘柄の影響を受けやすいというデメリットもある。

☆証券面の見方

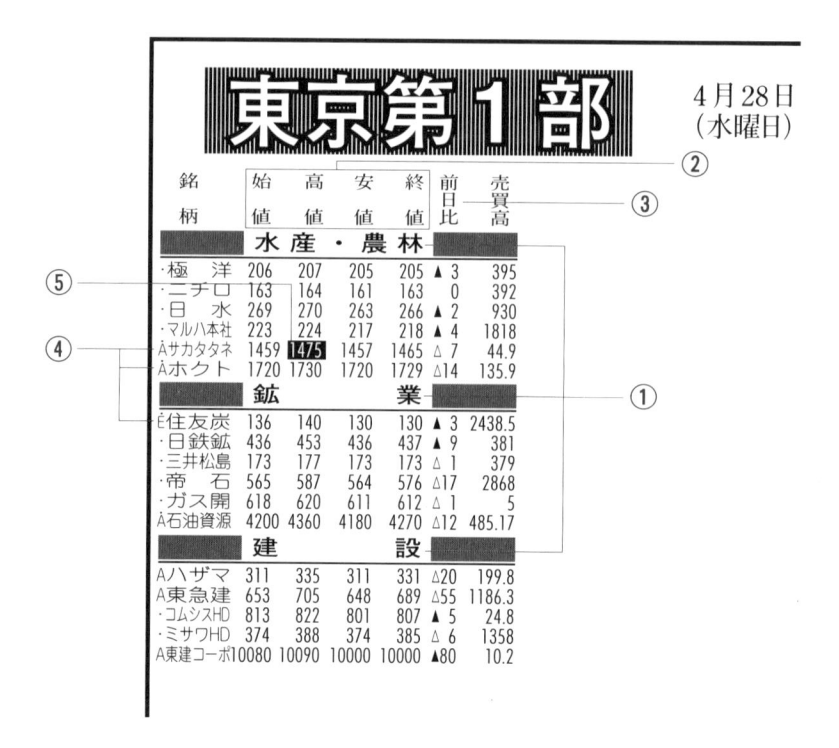

```
                  東京第1部              4月28日
                                        （水曜日）
                                    ②
   銘  始 高 安 終  前  売
                   日  買     ③
   柄  値 値 値 値  比  高
        水 産 ・ 農 林
⑤ ・極  洋  206  207  205  205 ▲3   395
   ・ニチロ     163  164  161  163  0    392
   ・日  水  269  270  263  266 ▲2   930
   ・マルハ本社   223  224  217  218 ▲4  1818
④ Åサカタタネ  1459 1475 1457 1465 △7   44.9
   Åホクト    1720 1730 1720 1729 △14  135.9
          鉱     業                    ①
   É住友炭   136  140  130  130 ▲3  2438.5
   ・日鉄鉱   436  453  436  437 △9   381
   ・三井松島  173  177  173  173 △1   379
   ・帝  石  565  587  564  576 △17  2868
   ・ガス開   618  620  611  612 △1    5
   Å石油資源  4200 4360 4180 4270 △12  485.17
          建     設
   Aハザマ    311  335  311  331 △20  199.8
   A東急建    653  705  648  689 △55 1186.3
   ・コムシスHD  813  822  801  807 ▲5   24.8
   ・ミサワHD   374  388  374  385 △6  1358
   A東建コーポ10080 10090 10000 10000 ▲80  10.2
```

①：各種業界名。

②：「―」は取引のなかったことを示す。

③：前日の終値とその日の終値を比べたもの（前日終値とその日の始値は必ずしも一致しないことに注意）。△だと株価は上昇しており、▲だと下降している。

④：売買単位を示す。
　　A＝100株　B＝1株　C＝10株　D＝50株　E＝500株
　　F＝2,000株　G＝3,000株　K＝200株　無印＝1,000株　・＝貸借銘柄

⑤：年初来高値（その年で1番高い値）または安値（1番安い値）を示す。

2．業界展望・業界動向

業界	業界の特徴・どんなニュースで株価がどう動く？
銀行	景気動向に最も影響される。全体的に株価が上がっているときは、ほとんどの場合、銀行株の株価も上がっている。また、いまだ残る不良債権問題や、疲弊している地域経済の情報には注意。銀行窓口での株式や保険商品の購入販売解禁、各銀行（とくに大手都銀）の経営戦略の差別化などもあり、個別のニュースに注意。
証券	ほとんどの証券会社が手数料収入に依存しているため、日経平均や売買高、売買代金が上がれば、必然的に業績は伸びる。
生保・損保	資金運用が株価上昇とともに好調か。ただ、外資系の攻勢が強く、とくに生保は解約数も増えている。生き残るのは規模の大きいところだけか？ 契約数に注目だ。
通信	ヤフーBBや東京電力のインターネットへの参入もあり、厳しい競争が起こっている。いったん契約すれば乗り換えが少ないであろう、光ファイバーの契約数をどこまで伸ばせるかがカギ。携帯においては、第三世代携帯のサービス拡充、契約数拡大がカギ。数年後、番号ポータビリティ（携帯会社を変えても携帯電話番号が変わらない制度）が導入されたときに、シェアを維持・拡大できるかもポイント。
自動車	一番影響が大きいのは為替。それと、北米や中国での販売台数を注視すべし。今後の中心は環境を意識した車づくり。事業規模が大きく、基本的に株価は安定している。
ゴム・タイヤ	原材料費は原油価格に影響される。ブリヂストンのように、欠陥タイヤなどの問題を起こすと株価は下がる。製品の差別化が難しい上に、国際競争も激しい業界であり、コスト競争力が重要。世界的に、タイヤはブリヂストン・グッドイヤー・ミシュランの3社間の戦いと言えそう。
半導体・ハイテク	半導体集積回路生産高や受注動向の指標に注目（日本半導体製造装置協会のHPなどもチェック）。また、アメリカのNASDAQ指数と連動することも多いので注意。株価の動きが激しいので、安定を求める人は買わないこと。
機械	受注動向に注目。日経新聞や経済産業省のHPで、こまめに機械受注実績をチェック。

業界	業界の特徴・どんなニュースで株価がどう動く？
電機	今までは業績とともに株価も総じて下落基調であったが、リストラ効果が出たことを受け株価も盛り返している。いかに高付加価値商品を創りあげていけるかが焦点。今後の業績動向が気になるところ。
商社	事業内容が多岐にわたるため、つかみにくい。あらゆるニュースに気をつけ、受注額の大きなプロジェクトはチェック。
化学	原材料である原油の価格に影響される。段階的な関税引き下げもあり、国際競争が激化し、薄利構造にある汎用樹脂事業を中心に収益圧迫が懸念される。各社の提携・合併・統廃合などに注目。情報通信や半導体向け電子材料・樹脂加工などの独自の高付加価値製品を展開している企業が狙い目か。バイオ関連銘柄にも注目。
医薬品	株価が比較的安定している業界（景況感に関わらず、人は病気にはなるため売上が安定）だが、注目すべきは新薬開発・薬価改定。新薬開発は収益に強烈に影響してくる。とくに高齢者向けや生活習慣病対策など拡大傾向にある市場に注目。また、販売薬品の副作用情報が流れたり、薬価改定で収益率が下がると判断されると、株価が大きく下がることもある。世界の医薬品会社に対抗するため、さらなる統合もありうるか。短期で持つには向かない。
鉄鋼	最近、鉄鋼の原料価格が上昇しているので注目。また、近年中国での販売の伸びが顕著なので、その販売経路拡大のための提携・M&Aなどのニュースには注目。なお、借入金過多体質のため、金利上昇は大きなマイナスとなる。
電力・ガス	業績・株価安定業界のひとつ（電気やガスは不況でも好況でも同じくらい使用するため売上が安定）。ただし、東京電力のように原子力発電所で事故などが起これば株価は当然下がる。オール電化を進める電力業界と、それを阻止しようとするガス業界との攻防には注目だ。
食品	健康志向の高まりもあり、食の安全に対して消費者は今まで以上に敏感に反応する。雪印のように不祥事を起こすと、当然株価は下がる。ただし、不況になっても食う物は食わねばならぬので、基本的には安定業種といえる。
お酒・飲料	非常にわかりやすい業界で、のどが渇けば飲料水やお酒が飲みたくなるのは当たり前。とくに夏場に暑い日が続くようなら買いか。天気予報（とくに長期のもの）をこまめに見てみよう。

業界	業界の特徴・どんなニュースで株価がどう動く？
旅行・ホテル	誰しも危険なところには旅行したくない。戦争・疫病（SARSなど）・テロなどが大きく影響する。
ゲーム	発売したゲームソフトが売れるかどうかにかかっている。ある程度売れることが見込めるシリーズものを持った会社は強い。
小売	個人消費に左右される。参入障壁が低い一方、パイの大きさは限られているので、消費者ニーズをうまく取り込み、コスト削減を進めている企業に注目。
製紙・パルプ	紙の元となる原油価格が上がれば、原材料費が上がって、業績が圧迫される。また、紙はだいたい輸入されるので、円安は痛手。さらに、業界全体として、借入金過多の体質のため金利上昇は大きなマイナスとなる。
石油	原料である原油の市況に影響される。原油価格は、世界経済の成長性、OPEC（石油輸出国機構）の生産体制の変化による在庫水準の変化、中東での戦争（イラク戦争では原油価格が急騰した）などに影響される。長期的には、中国などでの需要増、中東の不安定化により、原油価格は上昇に向かいそう。
建設	業績回復への企業の自助努力が進んでいない業界のひとつ。公共事業費削減もあり、景気回復がさらに進まない限りは、民間に対するリフォームを主とする企業以外に投資するべきではないと思われる。
鉄道	業績・株価安定業界（景況感に関わらず、通勤・通学のためには電車に乗らざるをえないから）。幅広い業種へと参入しているので、鉄道自体の業績よりも、不動産やその他の業績の方に注目すべき。
非鉄・金属	光ファイバーや化合物半導体材料など、情報化社会に対応した独自の製品を持つ会社には注目。
消費者金融	武富士のように問題を起こせば株価は大きく下がる。ビジネスとしては成功していても、あまりイメージのいい業界ではないので、長期投資を行なう人は少ない。最初の投資としてはリスクが大きいのでやめておくべき。
不動産	地価が今のように低水準にあれば、投資する業界ではない。地価が上がりだすまでは無視か。ただし、同じ不動産とはいっても、REIT（不動産投資信託）は人気が上がり価格は上昇している。

3．株を買う上での情報収集の手段

　経済状況とは常に変化するものであり、株式投資において「最新の情報」というものはその正否を分けるといえる。企業からの情報は勿論重要であり、その見方は2章で説明したが、それ以外にも株式投資をする際には様々な種類の情報が、第三者から投資家に提供されている。これらの情報はより深くその企業を知るために必要であるばかりでなく、企業における説明責任・情報公開という市場参加に必要不可欠な要素をチェックする際にも重要だといえる。これらの情報を集める手段としては会社四季報・雑誌・インターネットなどがあるので、有効に使っていこう。

☆『会社四季報』の読み方

　1936年より刊行している伝統ある本である。日本国内で株式を公開している全企業（約3,700社）が対象になっている。
　原則1ページに2社のデータが記載されている。

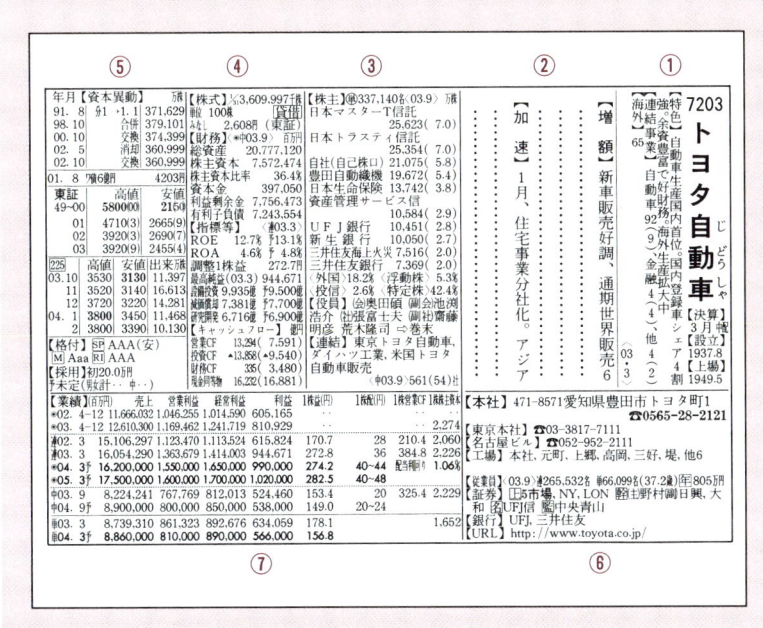

3．株を買う上での情報収集の手段

出所：『会社四季報』2004年2集春季号（東洋経済新報社）をもとに作成

① **特色**：事業内容・系列関係・業界地位などの特徴。

　証券コード：企業名の上の4桁の番号のこと。類似した企業と名前を間違えないように付けられている。

　連結事業：部門別売上高の構成比。

　海外：売上のうち輸出が占める割合。この割合が多ければ多いほど輸出企業であり、為替や海外情勢に影響される。

② **前半部分**：事業活動の今後1年間の業績or見通しを解説している。

　後半部分：中期の展望、または新技術・製品・工場などの最近のトピックスを載せている。

③ **株主**：上位株主10名の構成と持ち株比率。

　役員：同企業の役員名。

　連結：主な連結対象子会社名を記載。

④ **株式**：発行株式数及び売買単位が記載されている。
　財務：各種財務関連の数字が記載されている。
⑤ **資本移動**：新株発行・株式分割などによる発行済み株式数の変化を記載。
　株価欄：株式公開日以来の株価を収録。その期間の高値、安値、出来高を記載。
　格付け：主要4機関の格付けを記載。AAAが一番良い。
⑥ **本社**：本社の所在地、電話番号。その他に従業員数、平均年収、主要取引銀行、URLが記載されている。
⑦ **業績**：企業の業績の推移が記載されている。決算期の右に「予」とつくものは予想数字の意。これは四季報編集部の判断によるもので実際の企業からの発表と異なる場合がある。
　1株益：1株当たりの税引き後の利益。株価の分だけお金を使っていくら儲ける事が出来るかという値。

　会社四季報は東洋経済新報社から3月、6月、9月、12月の年4回発行されており、全国の証券取引所に上場されている企業について、業績や株価の推移などが掲載されている。

〈四季報の中で重要な点〉
1、**コメント**：凄腕の記者が徹底的にその会社について調べた事をぎゅっと凝縮して書いているもの。事業についての分析、また主に将来展望が載せられている。
2、**株価チャート**：その会社の直近の株価推移が表示されている。
3、**株主**：どんな株主がいるかを示している。これを見るとどんな企業とつながりが深いかがわかる。
4、**財務・業績**：企業の状態を分析する上で必見。

　財務諸表の内容はかなり重要だ。忘れてはいけないのはこれらの情報はもう既に過去の情報だという事。これには既に現在の株価に織り込まれている。
　株式投資にとって重要なのは将来であって過去ではない。過去はあくまで将来を予測するための手段である事を忘れないようにしよう。

☆雑誌

　いくつか株式関連の雑誌が存在するが、その中でも『DIAMOND ZAi』『Money Japan』『あるじゃん』『日経マネー』の4つがメジャーである。

　4誌共に毎月21日発行。値段も400円〜600円でお手ごろである。難易度や情報量に多少ばらつきはあるものの、推奨銘柄や、投資する際に注目すべき点がプロの投資家達によって詳しく述べられており、どれも株式投資の助けとなるであろう。ただし、あくまでも他人の意見なので信用し過ぎない程度がちょうど良いと思われる。

☆インターネット

　『四季報』や雑誌などに加えて情報収集のツールとして台頭してきたのがインターネットである。現在、上場企業のほとんどがホームページを持っており、パソコンからその企業の多くの情報を収集する事が可能。

　また株式投資専門のサイトなども存在し、そこではチャートやアナリストのレポートなど必要となるほとんどの情報がそろっている。また現在、インターネットで株の売買も可能になっている。

　従来は、証券会社の窓口に行って口座開設の手続きをし、しかも売買のときにはわざわざ証券会社に連絡を取る必要があった。しかし今ではパソコンの前にいながらの取引が可能になっている。最近ではこの利便さのおかげでパソコンから1日に何度も株を売買するデイトレーダーなる人達もあらわれた。

第4章　株式ゲームの時間です！

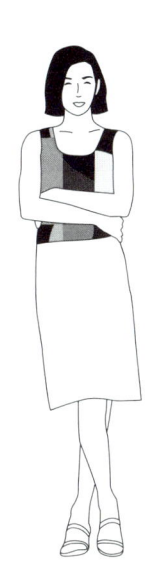

～ゲームのルール説明～

金七: こんにちは。金七です。今日で、株式の授業も最後になります。これまでの授業で、みなさんは、一通り株に関する基礎知識を学習しました。今日は、今まで学んだことの理解度を試す意味で、N天堂社が開発した株式シミュレーションゲームをみんなにやってもらいます。

遊太: おぉー、なんかめっちゃ面白そう。先生、最初の設定はどうなってんの？

順に答えていって、30問のうち何問正解したかを競うゲームで、それぞれ問題の指示に従って解答していく形になります。そして、最後に正解数・得点パターンから、あなたがどんなタイプの投資家であるかを判定してくれます。もちろん、みなさん私たちの授業を受けているので、間違いなく、いい成績を残すとは思うのですが、あまりにも悪い点数だったら、現時点では株の知識が足りないので、もう一度3章まで読み直して取引を始めましょう。

彩: 私、株を勉強して2、3日の初心者なのに、ちゃんとできるかしら？

勤: 僕は毎日徹夜で復習してたからね。こんなの簡単ですよ。

んじゃ、俺が勤に勝ったら、おまえ裸踊りせーや！ 負けへんのやろ？

僕はそんな馬鹿な約束はしないよ。まぁ、それでも絶対勝つと思うけど。

勤君の裸なんて別に見たくなーい。

彩さん、そんな毛嫌いしなくても……。

はい、馬鹿話はそれぐらいにしておいて、シミュレーションゲームをやってみましょう。

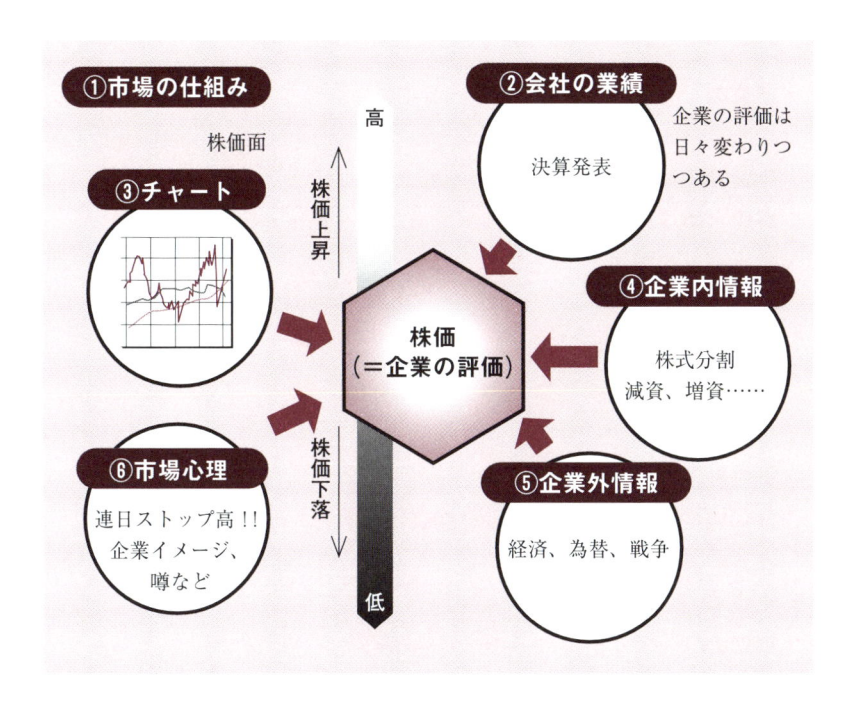

[図：株価（＝企業の評価）に影響を与える6つの要因]

- ①市場の仕組み（株価面）
- ②会社の業績（決算発表／企業の評価は日々変わりつつある）
- ③チャート
- ④企業内情報（株式分割、減資、増資……）
- ⑤企業外情報（経済、為替、戦争）
- ⑥市場心理（連日ストップ高!! 企業イメージ、噂など）

（株価上昇　高　⇔　株価下落　低）

　上の図を見てわかるように、株価はさまざまな要因によって動いており、それらの要因は大きく以下の6つに分けられます。

---

①市場の仕組み
②会社の業績
③チャート
④会社が発表する経営方針、政策（＝企業内情報）
⑤会社外で起こる政治・経済の変化、為替の変動など外的要因
　（＝企業外情報）
⑥市場心理

　この6つの要因を詳しく把握・分析することで、株価の動きをほぼ予想することができます。この6つの要因を分析する力をみなさんが本書でどれだけ身に付けたかを把握してもらうべく、クイズに答えてみてください。

- **常識力**　　　　　　Case 1 ～ Case 5
  株のルールについての知識力
- **業績分析力**　　　　Case 6 ～ Case10
  財務・事業内容から将来性のある企業を見抜く力
- **チャート分析力**　　Case11～Case15
  チャートの買い・売りのシグナルを見抜く力
- **企業内情報分析力**　Case16～Case20
  会社によって発表されたニュースが
  株価にどう影響を与えるか見抜く力
- **企業外情報分析力**　Case21～Case25
  外部環境の変化、例えば経済情勢・金利・
  為替の変動が株価にどう影響を与えるかを
  見抜く力
- **応用力**　　　　　　Case26～Case30

　それぞれの力を判定するために、5問ずつ、計30問を解いてもらいます。では、早速問題にチャレンジしてみよう！

「常識力」

Case 1　株のメリットとは？（難易度　★☆☆☆☆）

> 株式投資を始めてみようと思ったあなたは、さっそく本屋で株の本を買いました。本の中に、株には4つのメリットがあると書いてありました。以下その4つのメリットを述べた文章中に空欄があるので、(a)～(d)が全て正しい選択肢を選んでください。

　株のメリットはまず、株が値上がりして、買った値段より高く売ることで得られる利益が挙げられるでしょう。この利益のことを別の言葉で、(a)_____と言います。さらに、株を持っているだけで得られる企業からの配当金を(b)_____と言います。

　また、会社が株主に対して感謝の意を込めて、自社製品を送ったりいろいろなサービスを提供することがあります。これを(c)_____と言います。たとえば、アサヒビールの株ならアサヒビールが1ダース送られてきます。そして、株主総会での取締役の選任などにおいて保有株式数の割合に応じて行使できる権利を(d)_____と言います。

① (a)インカムゲイン　(b)マネーゲイン　(c)株主還元制度　(d)支配権
② (a)マネーゲイン　(b)キャピタルゲイン　(c)株主お祝い制度　(d)命令権
③ (a)インカムゲイン　(b)キャピタルゲイン　(c)株主感謝制度　(d)投票権
④ (a)キャピタルゲイン　(b)インカムゲイン　(c)株主優待制度　(d)議決権

答　④

　株は毎日のように価格が変わっていきます。買ったときよりも価格が上昇すれば、売って利益を出すことができます。これを**キャピタルゲイン**（復習→15ページ）と言います。

　また、会社は株主に利益を還元するために配当を支払います。1株当たり何円という形で換算して、受け取るお金のことを**インカムゲイン**（復習→14ページ）と言います。

　さらに、配当金だけでなく**株主優待制度**（復習→16ページ）を設けて、自社製品を株主にプレゼントしたりもしています。

　そして、注意してもらいたいのが、今挙げた3つのメリットは必ず得られるかどうかはわからないということです。

　①キャピタルゲインは、株価が下がってしまえば、逆に損失を出してしまいますし、②インカムゲインは、企業の業績不振により配当金ゼロということも考えられます。また、③の株主優待制度ですが、会社の方針によってはなかったりもします。

　一方、④の**議決権**については、投資家が経営に関わる手段として行使することができます。このメリットについては、①〜③までと異なり、株式を保有すれば誰でも当然に得ることができます。投資家の視点から言えば、①〜③のメリットをしっかり得るためにも、きちんとした銘柄を選ぶ必要があるということですね。

Case 2　証券会社の選び方（難易度　★★☆☆☆）

あなたは今30万円持っています。そこで、ミニ株に投資しようと考えており、そのためには証券会社に口座を作らないといけないことを知ります。あなたは、オンライン取引をしようと思い、いろいろな証券会社を手数料などの条件別に比較してみました。以下で、手数料と銘柄数の面から最もバランスが取れている証券会社はどこでしょう？

証券会社の比較表

	口座管理手数料※1	売買手数料(指値)※2	ミニ株銘柄数
マネーストック証券	0円	900円	500銘柄
山田証券	1,500円	2,000円	2,400銘柄
カブ・トレード証券	0円	600円	100銘柄
太陽証券	0円	800円	2000銘柄
土井証券	0円	3,000円	400銘柄

※1 口座管理手数料は口座管理にかかる年間あたりの料金のことを指す。
※2 売買手数料は売買するときにかかる片道代金のこと。「買う」「売る」の2回の取引をすることになるので、売買手数料の2倍のお金がかかるという仕組みになっている。

① マネーストック証券にしよう！
② 山田証券にしよう！
③ カブ・トレード証券にしよう！
④ 太陽証券にしよう！
⑤ 土井証券にしよう！

答 ④

　証券会社の選び方は株を始める前の段階で最も悩むところではないでしょうか？　どの会社も他社との差別化を図るために、料金やサービスの内容を変えているので、証券会社を選ぶのは非常に複雑になっています。まず、一番気になるのは料金でしょう。以下が料金をわかりやすくまとめた表です。
（復習→23ページ）

	マネーストック	山田	カブ・トレード	太陽	土井
口座管理手数料	0	1,500	0	0	0
売買手数料	900×2	2,000×2	600×2	800×2	3,000×2
合計代金	1,800	5,500	1,200	1,600	6,000

　上の表を見れば、カブ・トレード証券が一番安いということになります。ただし、料金は安いのですが、扱っているミニ株数が100銘柄と少なすぎて不便です。買いたい銘柄が見つかっても、その銘柄が取り扱われていないのではどうしようもありません。では、次に手数料が安い太陽証券を考えてみましょう。ミニ株数が2,000銘柄と豊富なので、この証券会社ならば買いたい銘柄が取り扱われていないという心配はなさそうです。したがって、④太陽証券を選ぶのが正解です。

　ただし、証券会社にもさまざまな種類があって、どの証券会社を選ぶかは自分がどういう売買をするのかによって違ってきます。実際、何回売買しても手数料が固定の証券会社もあります。もし、あなたがデイトレード（1日のうちに何回も取引をする）をするつもりであれば、そういった証券会社を選ぶのが1番安上がりです。

　また、手数料が高いところはそれなりのメリットが得られることが多く、貴重なアナリストレポートをもらえたり、チャート分析ソフトが使えたりもします。

Case 3　株式用語（難易度　★★★☆☆）

　新聞・ニュースを見ていて、意味がわからなそうな言葉をピックアップしてみました。相場特有の気になる言い回し、表現の意味を確認しましょう。

（1）「押し目を待つ投資家が多く……」の"押し目"の意味は？
　　（a）下降する過程から、上昇へ転じたところ
　　（b）上昇する過程で、一時的に下がっているところ

（2）「値がさハイテク株が急騰!!」の"値がさ"の意味は？
　　（a）値段の高い状態
　　（b）値段の低い状態

（3）「ソニーはザラ場中に高値を更新」の"ザラ場"の意味は？
　　（a）午前中
　　（b）相場開いている間

　　以下選択肢の中で3つ全て正解を選んでいるものを答えてください。

　①（1）（a）　　（2）（b）　　（3）（b）
　②（1）（b）　　（2）（a）　　（3）（b）
　③（1）（b）　　（2）（a）　　（3）（a）
　④（1）（a）　　（2）（b）　　（3）（a）
　⑤（1）（a）　　（2）（a）　　（3）（b）

答 ②

（1）「押し目」とは、上昇する過程で一時的に値が下がっているところを指します。上昇しかかっている株がいったん下げ止まったところを狙うのは、よく見られる投資のスタイルと言えます。しかし、下げ止まるどころか、そのまま下がり続けることもよくあるので注意しましょう。

（2）「値がさハイテク株の急騰！！」はＩＴバブルのときによく聞かれたフレーズ。値がさというのは、値段が高い状態を意味し、何十万円・何百万円という価格がついていることを指します。一方、何百円・何十円と株価の低い株のことを低位株と言います。とくに、値がさハイテク株が上がっているというニュースは、ＩＴ関連などの代表企業が株価を上げているということで相場全体への影響力が強いと言えます。(復習→59ページ)

（3）ザラ場と聞いても何のことだかわからないかもしれませんが、これは相場が開いている間のことを指します。その日の最初に値段が付くときを「寄付」、最後に値段が付くときを「大引け」と言い、その間の時間をザラ場と言います。

Case 4　ミニ株（難易度　★★★☆☆）

　次の選択肢は、普通株とミニ株を比べた際のミニ株のデメリットを挙げています。4つのうち間違っているものを1つ選んでください。ミニ株とは通常の売買単位の10分の1で購入できる株のことを指します。

① 　全ての銘柄を買えるわけではない。
② 　株主優待がもらえない。
③ 　指値で買うことできない。
④ 　その日の終値でしか売れない。

答 ④

　正解は④になります。売るときは翌日の寄付値（その日最初に付いた値）となります。ミニ株は投資しやすくするために設けられた制度で、売買単位が10分の1で済むので、通常の10分の1の金額で購入が可能となります。ただし、いろいろな制約がつくことに注意する必要があります。まず、証券会社によって扱う銘柄が決まっており、ミニ株では買えない銘柄も存在します。さらに、その日の寄付値でしか購入できません。

　こういったデメリットを考慮したうえで、ミニ株で購入するか単元株で購入するかを選びましょう。

Case 5　株にまつわる疑問・質問（難易度　★★★☆☆）

（1）株を売った翌日に、さっそく現金化しようと銀行へ行きました。しかし、口座を見てみるとお金が入っていません。なぜでしょうか？

　a．すぐには現金化されないから。
　b．証券会社に入金の指示を出すのを忘れていたから。

（2）1,000円指値の買い注文を入れた後、ちょうど株価は1,000円まで下がりましたが、買えませんでした。なぜでしょうか？

　a．ストップ安で、まだまだ値が下がっていったから。
　b．注文を入れた順番が遅かったから。

（3）時価90万円の株に成行の買い注文を入れたら、注文を受け付けてくれませんでした。口座にはちゃんと91万円あったのになぜでしょうか？

　a．ストップ高でも足りる資金がないとダメだから。
　b．ストップ安でも足りる資金がないとダメだから。

‖　上の（1）（2）（3）のうち正しい解答の選択肢を選びましょう。　‖

①（1）a（2）a（3）a
②（1）b（2）b（3）b
③（1）a（2）b（3）a
④（1）b（2）a（3）a
⑤（1）b（2）b（3）a

答　③

（1）　aが正解

現金化の仕組みは、しっかり知っておかないといざというときに困るので、株式と現金との決済は決済日を含めず3営業日後ということを知っておきましょう。

金	土	日	月	火	水
約定	土、日、祝日はお休みなので、営業日として数えない（※年末12月30日〜1月4日まではお休み）		①	②	証券口座に入金 ③

※①〜③は何営業日後かを指す。

（2）　bが正解

株の取引は注文を入れた順番に優先的に取引が行なわれていきます。よって、そのときの株価と指値の注文金額が同じだからといっても、必ずしも約定するわけではありません。早く買いたいのであれば、それより値段を少し高くしてやればすぐに約定できます。実際の売買では、小刻みに指値の注文金額を変えてなるべく安く買えるようにしましょう。

（3）　aが正解

成行注文とは、値段を指定せずに株を買う注文のことを指し、実際に買う値段がかなり高くなる可能性があります。そのときに買えるだけのお金が、あらかじめ口座の中に入っていないと証券会社は注文が執行できず、今回のケースのように91万円しか口座に入っていない場合には約定できません。つまり、その注文は受け付けられません。したがって、成行注文する際には残額に注意しましょう。（復習→20ページ）

「業績分析力」

Case 6　指標を利用した銘柄選び（難易度　★★★☆☆）

　証券口座を開設し入金も済ませたあなたは、早速株を買いたいので銘柄選びを始めました。「まずは自分の一番よく知っている業界の会社を買おう！」と思い、毎日利用しているコンビニの会社をピックアップしてみました。そして、次の3つの会社まで絞りこみました。

　以下のグラフは、イレブンスター、スイートマート、ハイソンの株価指標を列挙した図です。

　さて、あなたならどの会社を選びますか？

	PBR	PER	売上高成長率	自己資本比率
イレブンスター	2.5	30.4	18%	75%
スイートマート	3.4	35.4	10%	50%
ハイソン	2.3	45.4	12%	70%

① 　イレブンスターを購入
② 　スイートマートを購入
③ 　ハイソンを購入

答　①

　　株価指標の見方を思い出しましょう。株価指標は３つの視点から見ることが大切です。それは、（ａ）割高か割安か？　（ｂ）成長しているか？　（ｃ）安定性はあるか？　です。

まず、PBR・PERを見て、その株が（ａ）割高か割安かを判断します。PBRは株価純資産倍率、PERは株価収益率のことです。ともにその値が高ければ割高、低ければ割安と判断されます。
今回のCaseでは、
PBR：スイートマート（＝3.4）＞イレブンスター（＝2.5）＞ハイソン（＝2.3）
となり、ハイソンが一番割安になっていますが、イレブンスターも0.2しか違いがありません。さらに、
PER：ハイソン（＝45.4）＞スイートマート（＝35.4）＞イレブンスター（＝30.4）
ですから、イレブンスターが一番割安です。この２つの指標を総合的に見れば、イレブンスターが一番割安ということになりそうです。（復習→39、40ページ）

さらに、売上高成長率を見ると、
イレブンスター（＝18）＞ハイソン（＝12）＞スイートマート（＝10）
よって、イレブンスターが最も成長していると考えられます。

　続けて、安定性を見ましょう。自己資本比率を見れば、その企業の財務体質が安定しているかどうかがわかります。今回の場合は、どの銘柄も50％を越えているので財務内容は健全と言えます。（復習→35ページ）

　よって、３つの視点から、総合的に判断すると、割安で、成長性があり、潰れる心配のないイレブンスターを購入するのがいいということになります。

Case 7　決算を予測せよ！（難易度　★★★☆☆）

　電機業界に興味を持ったあなたは、その業界の2強であるソラー電気と松本電気のどちらかの株を買うことにしました。

企業の株価と株式指標

	現在の株価	単元株	PER	PBR	ROE	ROA
ソラー電気	1,000円	100株	2.4	1.0	2.6	2.4
松本電気	1,000円	100株	1.7	1.0	1.2	2.1

　ソラー電気は業績が前期まで絶好調で、毎期連続で過去最高利益を更新中ですが、今期は主力製品であるパソコンの売上がガクッと落ちて、苦戦しています。
　一方、松本電気は前期まで大赤字で、大規模なリストラを行ない、今期は主力製品の液晶テレビの売上が好調です。
　1週間後に控えた中間決算発表による株価への影響も無視できなさそうです。
　どちらを購入するにしても、値段が1,000円と同じなので、10万円全部使って、100株購入したいと思います。

　　では、あなたならどちらを買いますか？

　①　ソラー電気の株
　②　松本電気の株

答　②

　1週間後の中間決算発表で、ソラー電気の業績が大幅に下方修正され、市場の失望感により一気に株価は500円まで下がってしまいました（＝ソラーショックと後に呼ばれます）。一方、松本電気は、前期まで最悪の状態でしたが、リストラ効果で今期は黒字に回復して、株価は1,500円まで上がりました。

　ソラー電気「今期も業績がいいはず」→「実際は悪く、株価大幅下落」
　松本電気　「今期も業績悪いだろう」→「実際は良く、株価大幅上昇」

　株価は、いい意味でも悪い意味でも、それまでの期待を大きく裏切ったときに大きく変化します。

　次に、株式指標を見てみましょう。まず、PERを見ると松本電気の方が割安なのが見てとれます。このことからも松本電気のほうが上昇の余地が高かったと思われます。

　さらに、株価に影響を与えるニュースとして、決算発表と業績修正に注意するのも重要です。中間決算と本決算などで業績の内容が予想と食い違えば、株価に大きく影響します。決算日前に予想し、あらかじめ売っておくか持っておくかの判断をしておいたほうがよいでしょう。業績修正も同じことが言えます。企業の売上予想が上方修正されれば、予想より利益が出ているということで、期待感が膨らみ、株価も上がることが多いです。これらの情報を手に入れるには、次に挙げるような方法があります。

★情報入手の手段★

手段	①会社のホームページ	②決算短信	③新聞・ニュース
内容	IRのページに行くと、その企業の古いものから最新ものまで、財務データが一通りそろえられる。	決算短信は半期、四半期に1度のペースで出る。企業が投資家に業績を報告するもの。	決算が発表されると、すぐに報道され、決算に対するコメント、反応も一緒に掲載される。
用途	詳しい情報を知る。	大まかな見通しを知る。	市場の反応を知る。

Case 8　売り・買いラインの設定（難易度　★★☆☆☆）

　証券会社の株式投資セミナーに行くことにしたあなた。
　そこで株式有名評論家北川講師が、重要なことを言っていました。北川講師は、「株式を売買するときには、必ず、損切り・利益確定ラインを決めろ!!」と声を張り上げていたのです。

　今まで、売るタイミングはフィーリングで決めていました。
　売りには
　・損切り（購入価格の何％分下落すれば、売る）
　・利益確定売り（購入価格の何％分上昇すれば、売る）
　の2種類があります。
　事前に、どれぐらいで売るのかといったことを決めておいた方が、迷わなくて済み、精神的な余裕を持つことができます。また、持ち続けて値がさらに下がるリスクを回避することができるといったメリットがあります。ここで、あなたは損をできるだけ出さず、利益をコツコツと積み重ねる投資スタイルをとりたいと思っています。

‖　さて、どれくらいの値を設定しておけばよいのでしょうか？　‖

① 損切りライン　5％　利益確定売りライン　45％
② 損切りライン　25％　利益確定売りライン　25％
③ 損切りライン　10％　利益確定売りライン　20％
④ 損切りライン　50％　利益確定売りライン　25％

答　③

　損失を大きくしないようにする方法のひとつとしてには、損切りラインを設定するということが挙げられます。この際、重要となるのは損切りラインにくれば機械的に売るということです。そのようにすれば、損が出ているにもかかわらず、「いずれ上がるだろう」と待っているうちに、さらに損が拡大してしまうという悪循環を防ぐことができます。

　その際、何％ぐらいに設定しておけばいいのかというのは、その人の投資スタイルによって違ってきます。損をできるだけしないようにするのであれば、④50％、②25％はもってのほかです。したがって、①か③ということになります。ただし、現実的には損切りラインを5％にした場合には、すぐにそれを割ってしまうことが考えられ、ちょっとした値動きでラインに到達してしまいかねません。また、取引回数が多くなり、手数料が馬鹿にならなくなってしまうので、もう少し大きい値をとっておいた方がいいと思われます。

　また、利益確定ラインの方も、①のように45％とあまりに高く設定しすぎると、いつまで経っても利益確定できないということになり、消去法でいくと残った選択肢の中の③が一番妥当だと言えるでしょう。

　株式の売買の際には、自分にあった売りと買いのラインを必ず決めておくようにしましょう。

第4章 株式ゲームの時間です！
「業績分析力」

Case 9　財務諸表の見方（難易度　★★★☆☆）

　A君は、銘柄選びのため、各業界の企業業績がわかりやすくのっている、エメラルド「株」データブックという本を買いました。

現在2004年1月時点とする。

業績 (百万円)	① 売上高	② 営業利益	③ 経常利益	④ 利益	⑤ 1株益(円)	⑥ 1株配(円)	⑦ 経常利益 伸び率
⑧ 03.3	839,000	1,217	1,136	602	10	26	—
⑨ 04.3	850,600	1,243	1,175	624	10.8	30	3.4%
⑩ 05.3 会社予想	895,000	1,200	1,180	640	11.5	32	0.42%
⑪ 05.3 エメラルド 予想	894,500	1,351	1,177	639	11.4	32	−0.26%

>　さて、この表のどの部分を比較していけばよいでしょうか？　次の（a）～（c）にはいるものとして上の図の①～⑪のどの部分が適当か答えてください。

　まず、事業規模が拡大しているかを調べるために　(a)　を見ます。ここが順調に増加しているかが大前提となります。もし減少しているなら、この企業は利益を生む事業自体が小さくなっているので、投資をするのはやめておいたほうが良いと考えられます。しかし、あくまで業績の大きなトレンドをつかむためのものなので、細かい増加に注目するのではなく、増加率と　(b)　の部分を見て、業績が上方修正される可能性が高いかを見極めましょう。もちろん、いろいろな見方があるので、会社以外の第三者による評価である　(c)　の部分も比較してみておくことも必要です。

答 (a) ①　(b) ⑩　(c) ⑪

（復習→30ページ）

（a）の正解は①
　まず、見るべき項目は売上高・経常利益・営業利益でしょう。いずれも前期と今期の比較をすることが大切になります。売上と利益が伸びていて、さらに増加率が上昇気味であればなおさら良い銘柄と言えます。また、前期まで減少傾向にあった数値が上昇に転じていれば、株価が大きく上がるチャンスだと言えるでしょう。

（b）の正解は⑩
　先ほど挙げた売上高・経常利益・営業利益以外でも、株価が反応しやすいものとして、業績の上方修正のニュースがあります。会社予想の部分を見て、それよりも利益が大きくなりそうであれば、上方修正されることを見越して株を先に買っておくのもよいでしょう。

（c）の正解は⑪
　もちろん、会社予想などというのは会社側のコメントに過ぎず、第三者である財務のプロの見解なども判断材料としたほうが確信が持てます。したがって、ここでも業績が上向いていれば、企業の業績トレンドについての判断はホンモノである可能性が高いでしょう。

★ワンポイント★

　今回のように業績をわかりやすくまとめたものとして、『会社四季報』『株データブック』などの雑誌などがあります。決算書などには、株価指標がのっていなかったり、予想が過大になりがちであったりします。雑誌などを上手く利用して、信頼できる情報を手に入れるようにしましょう。

Case10　銘柄絞り（難易度　★★★☆☆）

　良い銘柄を探すのに、スクリーニングという有効な手段があります。これは条件を打ち込んで、その条件に当てはまる銘柄をピックアップしてくれるものです。上場企業は約3,000社もあるので、「PERが低くて、売上高が伸びている会社」を探そうとしても、この条件に合うかどうかを1社ずつ調べていたのでは、いくら時間があっても足りなくなってしまいます。

　そのようなスクリーニングが証券会社のホームページにあることを知ったB君は、早速これを使ってみようと思いましたが、困ったことが起きてしまいました。証券会社のホームページに行き、スクリーニングをしようと思ったのですが、どんな条件を打ち込んだらよいのかがわかりません。成長している企業を探すには次のうちどの条件を打ち込んだらよいでしょうか？

① 売上高変化率最大10％、PER最小10倍
② 経常利益変化率最小10％、売上高変化率最小10％、PER最大30倍
③ 自己資本比率最小50％、PER最小10倍、PBR最大1倍
④ 配当利回り最小2％、自己資本比率最小50％

答　②

　成長株を探すには、増収率・増益率が決め手となり、売上高変化率、経常利益変化率を条件とするのが最適です。また、いくら成長率が高くても、割高だと上昇余地が少ないので、PERの条件も入れるのがよいでしょう。条件としてPERを使うときには、業種平均を参考にしてください。
(復習→43ページ)

　では、他の選択肢が間違っている理由を見ていきましょう。

　①は売上高変化率が最大10％に設定されているのが間違いです。
最小10％とするべきです。

　③はPER最小10倍に設定されているのが間違いです。
　ここで、PER最大30倍としていたら、割安な銘柄を探すときの条件になります。ただ、割安株には不安定な銘柄も少なくないので、自己資本比率の条件をかけて、不安定な銘柄を排除するのがよいでしょう。

　④は高配当銘柄を探すときの条件になります。
　高配当かどうかを判断するのに有効な指標は配当利回りです。ただ、高配当な企業の中には、人気がなくて株価の低い不安定な銘柄もあるので、自己資本比率の条件を加えて不安定な銘柄を排除したほうがよいでしょう。

　このように、複数の指標を条件にいれることで、細かい設定が可能です。スクリーニングを複数回行なって、いくつか有望と思われる銘柄を選択した後、1つ1つを詳しく見ていきましょう。

「チャート分析力」

Case11 チャートの基本（難易度 ★☆☆☆☆）

　以下の図を見て、a～dにあてはまる名称の組み合わせを下の4つの選択肢の中から選びなさい。

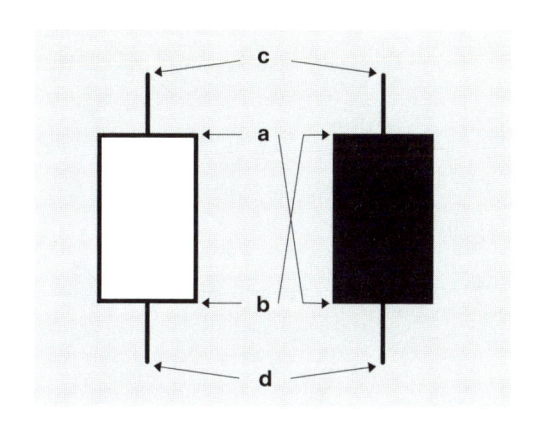

① 　a．安値　b．始値　c．高値　d．終値
② 　a．終値　b．始値　c．高値　d．安値
③ 　a．高値　b．始値　c．終値　d．安値
④ 　a．終値　b．安値　c．始値　d．高値

答 ②

　ローソク足の各部分の名称を問う問題です。
　ローソク足が白いときは、終値が始値より高いことを示し、黒いときは終値が始値より低いことを示します。上下を貫く棒がその日変動した幅を意味しています。さらに、ローソク足が白いときは長方形の下の部分が始値、上の部分が終値を示し、ローソク足が黒いときは始値・終値が逆になるので、注意してください。

　以下の図のとき、長方形が表示されていないからといって混乱しないようにしましょう。値がいろいろな動きを見せたけれども、結局初値と終値が同じ株価になったことを示しています。

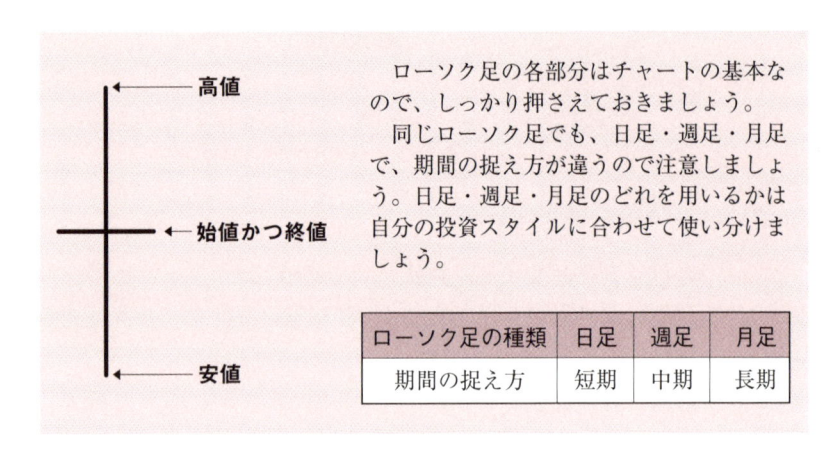

　ローソク足の各部分はチャートの基本なので、しっかり押さえておきましょう。
　同じローソク足でも、日足・週足・月足で、期間の捉え方が違うので注意しましょう。日足・週足・月足のどれを用いるかは自分の投資スタイルに合わせて使い分けましょう。

ローソク足の種類	日足	週足	月足
期間の捉え方	短期	中期	長期

Case12　移動平均線と乖離率（難易度　★★☆☆☆）

次の図は移動平均線と株価の推移を示したものです。

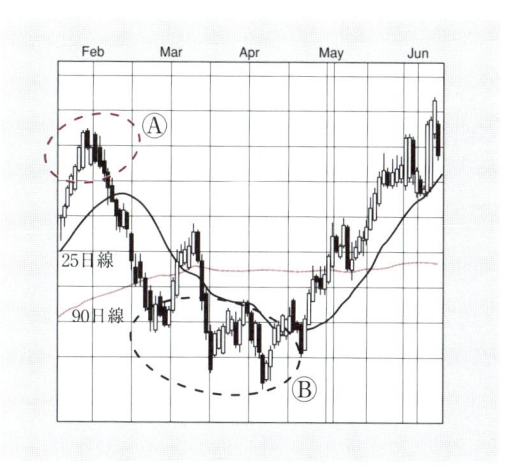

移動平均線と乖離率の関係を示した文章を次に示します。
空欄部分にあてはまる選択肢を答えてください。

　移動平均線は、上図のように (a)　　　　　を使って算出した折れ線グラフです。上図のⒶでは、25日の移動平均線のはるか上を株価が推移しており、Ⓑでは、逆に移動平均線の下を株価が推移しています。この場合、(b)　　　　　のが良いと考えられます。

① （a）　始値の平均　　（b）　Ⓐのときは買い、Ⓑのときは売る
② （a）　終値の平均　　（b）　Ⓐのときは売り、Ⓑのときは買う
③ （a）　高値の平均　　（b）　Ⓐのときは売り、Ⓑのときも売る

答 ②

（a）の正解は、「終値の平均」でした。移動平均線は、毎日の終値の合計÷日数で算出されます。5日移動平均線の場合だと、次のようになります。

	1日	2日	3日	4日	5日
株　価	240円	220円	320円	260円	240円

（240＋220＋320＋260＋240）÷ 5 ＝256円

直近の5営業日の終値の平均値を上図のようにして求めます。これを2日〜6日・3日〜7日というように、1日ずつずらして計算し、これらの点を結べば移動平均線を作成することができます。この移動平均線は株価の流れを示すもので、その日の株価がこれを大きく上回っているときは下落への、大きく下回っているときは上昇への徴候があると言えます。ですから株価が移動平均線から離れすぎている場合には注意が必要です。

（b）の正解は「Ⓐのときは売り、Ⓑのときは買う」です。
株価の推移には、移動平均線から離れすぎても、また時間が経てば戻ってくる傾向があります。Ⓐでは、株価が移動平均線から上へ大きく乖離しているので反落してくると考えられます。逆に、Ⓑでは株価が下に乖離しているので株価は上昇してきます。1つの目安となるので注意して見ましょう。

Case13　移動平均線を見る（難易度　★☆☆☆☆）

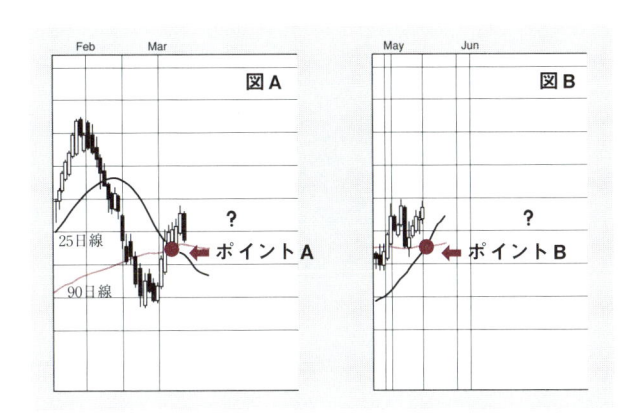

（a）図AのポイントAを見てください。短期の移動平均線（＝25日線）が、長期の移動平均線（＝90日線）を突き抜けて下がろうとしているのが確認できます。このサインが出たとき、株は買いどきなのでしょうか？　それとも買わないほうがよいのでしょうか？　選択肢から選んでください。

（b）同様に、図BのポイントBでは、逆の状態になっています。短期の移動平均線が長期の移動平均線を突き抜けて、上がっています。このときはどちらの選択がよいでしょうか？　選択肢から選んでください。

① このサインはゴールデンクロスと呼ばれ、買った方がよい。
② このサインはレインボークロスと呼ばれ、買わない方がよい。
③ このサインはデッドクロスと呼ばれ、買わない方がよい。
④ このサインはテーブルクロスと呼ばれ、引いた方がよい。

(a）答　③
（b）答　①

　（a）にあるデッドクロスとは、短期の移動平均線が長期の移動平均線を上から下へ突き抜けて、下がり始めたサインのことを指します。これは株価が天井を打ったということを示し、株価下落のサインと言われています。また（b）では、短期の移動平均線が、長期の移動平均線を下から上へ突き抜けて上がろうとしているので、続けて長期の移動平均線も上がっていくと考えられます。これはゴールデンクロスと呼ばれ、株価が上昇に転じるサインだと言われています。(復習→52ページ)

ゴールデンクロス	デッドクロス
短期の移動平均線が長期の移動平均線を下から上へ突き抜けて、上がり始めたサイン。	短期の移動平均線が長期の移動平均線を上から下へ突き抜けて、下がり始めたサイン。
買いのタイミング	売りのタイミング

Case14　出来高を見る　（難易度　★★★★☆）

　どのタイミングで買ったらいいのかわからないあなたは、株の本を見ました。すると、買いのタイミングはチャートから見つけろ！！　とあったので、チャートを見てみることにしました。チャートの下の棒グラフのことを出来高と呼ぶそうですが、これは株価とどういう関係にあるのでしょうか？

（百万株）　　2003年度日経平均と出来高の相関図　　（円）

上図は、2003年度の日経平均と出来高との相関図です。
（http://manabow.com/why/0403_2.htmlから抜粋して一部改変）

　次の出来高と株価の関係について述べている選択肢から間違っていると思われるものをひとつ選んでください。

① 出来高が増加傾向で、株価も上昇しだしているときは、その銘柄の人気が上がりだしたということなので、買う。
② 出来高が減少傾向で、株価が下げ止まっているときは、もう売り圧力が弱まったと考えられるので、買う。
③ 出来高が減少し始め、株価が高止まっているときは、今後より一段と買い圧力が強まると考えられるので、買う。

答　③

　出来高とは株式売買の取扱量のことを示します。出来高の変化と株価の動きをあわせて考えることで、うまく買いのタイミングが見つかることがあります。

　①正しいです。株価が上昇傾向のときは
「出来高＝人気の程度→増加しているなら買い圧力が強い」となることが多いです。

　②正しいです。①とは逆に株価が下降傾向のときは「出来高＝不人気の程度→増加しているなら売り圧力が強い」となることが多いです。
　この場合には、株価を下げる力が弱ってきたと考えられ、株価は下降局面から上昇局面へと転換する可能性が高いです。

　③誤りです。株価が上昇後一定の水準で推移したまま、出来高が減少を始めると、株価は上昇局面から下降局面へと転換する可能性が高いです。よって今後強まるのは「売り圧力」となります。

Case15　信用取引高を見る（難易度　★★★★★）

　信用取引には信用買いと信用売りの2種類があります。そして下図は信用買いを説明したものです。

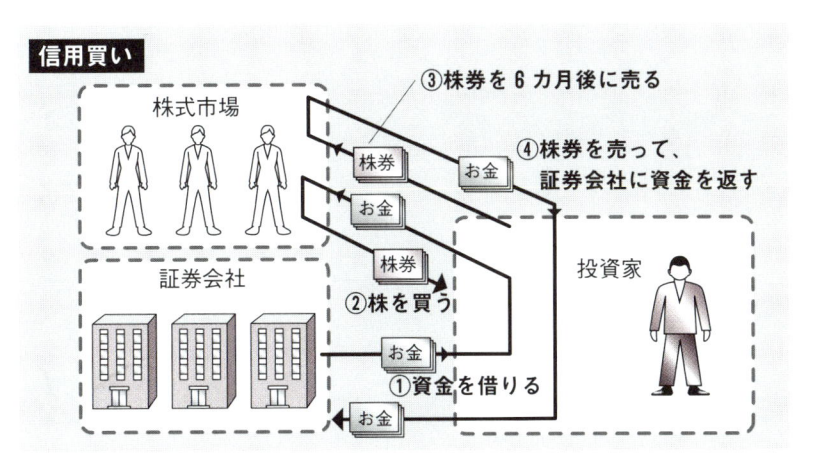

信用買い

- 株式市場
- 証券会社
- 投資家
- ①資金を借りる
- ②株を買う
- ③株券を6カ月後に売る
- ④株券を売って、証券会社に資金を返す

　実際に信用買いがどの程度行なわれているのかを示す指標を信用買い残といいます。信用買い残とは上図の①で借りた資金額を指します。
　下の図の点線で囲まれてる部分で信用買い残が増加していることが確認できます。

> 信用買い残の増加が株価に与える影響を説明した選択肢を下の2つから選んでください。

① 株に売り圧力がかかり、株価は下がる傾向にある。
② 株に買い圧力がかかり、株価は上がる傾向にある。

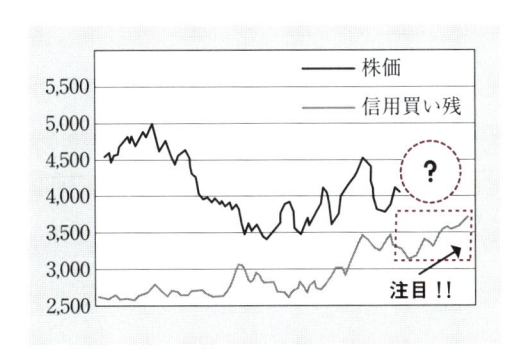

（グラフ：株価と信用買い残　注目!!）

答　①

　問題文で説明したように信用買いにおいては持っている株を売って、お金を返さないといけないので、①の「株に売り圧力がかかり、株価は下がる傾向にある。」が正解です。一方、②の選択肢は「株に買い圧力がかかり、株価は上がる傾向にある。」は、信用売りの説明になるので、間違いです。では、信用売りはどういう取引なのかを補足説明しておきましょう。

　実際に信用売りがどの程度行われているのかを示す指標を信用売り残と言います。信用売り残とは下図の①で借りた株の総額を指します。※信用売りにおいては、下図のように株券を購入し直して、証券会社に返却しなければならないので、信用売り残が増えると、②の「株に買い圧力がかかり、株価は上がる傾向にある。」と言えます。

　信用買い残、信用売り残の急激な変化は株価に大きな影響を与えるので、注意して見ておきましょう。

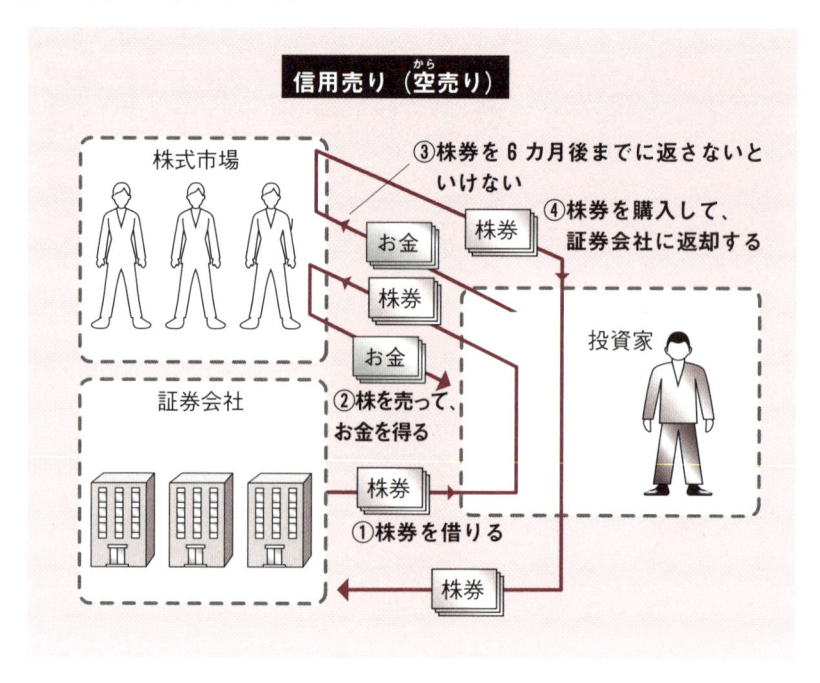

「企業内分析力」

Case16　株式分割に注意しよう（難易度　★★★★☆）

　今回は計算問題です。A・B・Cの3銘柄の株があります。いずれも3年前の株価は300円でした。3年前に1,000株ずつ購入して現在まで保有していた場合、一番儲かった株はどれでしょう？

① 　A株：1回も株式分割せず、現在の株価は400円。
② 　B株：1対2（1株を2株に分割）の株式分割を1回行ない、現在の株価は250円。
③ 　C株：1対1.3（1株を1.3株に分割）の株式分割を合計2回行ない、現在の株価は300円。

答　③

それぞれの株の利益を計算しましょう。

	株価	株数	売却額（株価×株数）
A株	400円	1,000株	400×1,000＝40万円
B株	250円	1,000株×2.0	250×2,000＝50万円
C株	300円	1,000株×1.3×1.3	300×1,000×1.69＝50万7千円

②の場合、1対2の株式分割をすることで株数が2倍になります。ここで、企業価値とは「株価×発行済み株式数」であり、株数が2倍になっても企業価値自体は突然には変化しないため、単純に発行済み株式数が2倍になれば、1株当たりの株価は半分になります。損をしたと早とちりしないように気を付けてください（※実際には、権利落ちの日から2カ月経たないと分割された株式が口座に入ってこない仕組みになっており、この2カ月間は株数が半分になるため注意が必要です）。

株式分割の効果としては、株式の最低購入額が下がるということが挙げられます。したがって、今まで株価が高いため買いにくかった銘柄が買いやすくなり、買いが増えることによって、結果的に株価が上がりやすくなります。
（復習→17ページ）

この問題では、上の表の計算より、売却益が一番大きいC株が一番儲かっていると言えるでしょう。

Case17　市場変更（難易度　★★☆☆☆）

　インターネットポータルサイト運営会社であるヤッホーの株が好調です。今まではJASDAQ市場に上場していたのですが、最近東証1部への上場基準を満たせそうということで、1部上場の申請を出したと発表されました。下図はヤッホーの2002年12月から2003年7月18日までの株価を表しています。

|| このニュースは、株価にどういう影響を与えるでしょうか？ ||

①東証1部に上場したことで、大会社の仲間入りをしたとみなされ、安心して買われるようになり、株価が上がる。
②東証1部に上場したことで、今までJASDAQ市場という成長市場にいるという理由で買おうとしていた人が、この会社は成熟しきったと見なし、買いを控えるため、株価が下がる。

答　①

　今回のケースのように、市場変更が行われたときは株価に大きな影響を与えます。ヤッホーの株は、上場申請発表後に下記のチャートからわかるように高値を更新し続け10月28日ついに東証1部上場を果たしました。今回のケースで株価が上昇した理由として、ヤッホーの業績が良いということだけでなく、機関投資家（銀行・生保・年金・投信などの大口投資家）による買いが入ったためと考えられます。というのも、機関投資家は店頭株の購入を制限されているので、東証に上がったとたんに、投資対象に組み入れられるようになるのです。このような大規模な資金を持つ機関投資家の買いが、個人投資家の買いを呼び、株価が上がっていったと考えられます。

※東証上場後、株価が急落しているのは株式分割（2対1）によるものです。

Case18　増資（難易度　★★★★☆）

　レンタルビデオ・CDのチェーン店展開を行っているカルチャー・クラブが、公募増資と新株売り出しを発表しました。そもそも増資というのは、会社が資金を調達するときに使われる手段であり、今回のケースでは公募なので一般の投資家からお金を集めています。そして、新しく株式を発行しお金と引き換えにそれを売り渡すという仕組みになっています。

> このニュースで、カルチャー・クラブの株価は短期的にはどういう影響を受けたでしょうか？

以下のチャートを参考にしてください。

① 増資で企業がお金を手に入れ、それが事業に投資されるなど有効に使われ、業績が上向くと考えられ、株価は上昇する。
② 増資で株数が増え、今までの株主にとっては1株あたり利益が薄まることになり、株主にとっては損失となる。よって、株価が下降する。

答 ②

　増資という言葉を聞くと、企業が新たに資金調達を行ない、企業にとって大きなメリットなので、株主にとっても良いことだと判断しがちです。しかし、実際にはもともと株を持っていた人にとっては、株数が増えたことで1株当たり利益（利益÷株数）が減少し、短期的に見れば株価の下落をもたらすことが多く、デメリットとなることがあります。つまり、答えは②になります。これは下のチャートを見ても明らかです。ただし、増資によって得た資金を新製品開発に回し、その新製品が素晴らしい技術を備えているなどのニュースがあれば株価が上向きになることは十分にあり得ます。増資は、短期的には株価下落、長期的には株価上昇の可能性があると言えるので、増資発表には十分注意しましょう。(復習→48ページ)

2002年7月11日 公募増資と株式売り出しを発表後、株価暴落

2002年7月31日公募増資の受け渡しと、株式売り出しスタート。またまた株価下落

Case19　減資（難易度　★★★★★）

　ごみ焼却施設環境装置を主力事業にしている常陸造船が、減資を発表しました。常陸造船は、景気停滞による市場縮小のあおりを受け、予想利益に到達するのは難しい状況でした。そこで、2株を1株にする減資を行なうと発表したのです。

> この発表が株価に与える影響はどのようなものでしょうか？
> 以下のチャートを参考にしながら、答えてください。

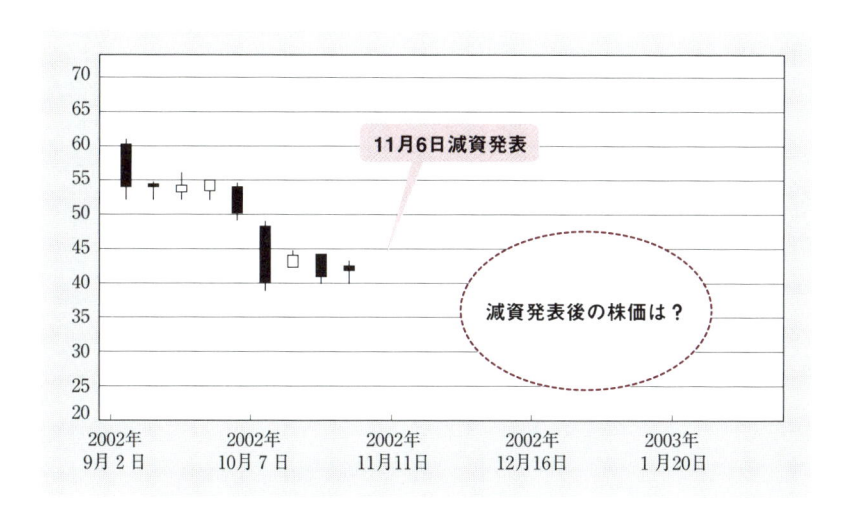

①　減資をすることで、株数が減り1株当たり利益が増えるので、株価が上がる。
②　減資をすることで、既存の株主は株数が半分になり、株式の総額が大幅に減ったことで売られ、株価が下がる。

答　②

　投資家が持っている2株を1株にしてしまうことを減資と言います。株数が半分になることで、理論上は株価が倍になるので株の価値自体は変わらないとされますが、実際には株価は上がるどころか下がってしまいます。その理由は、既存の株主が利益の大幅減少を恐れて、一斉に株を売り始めてしまうからです。こうして、企業は株主の信頼を裏切ったと捉えられ、株価は当分の間、大きく下がってしまいます。企業がなぜ減資をするのかというと、発行済み株式数が減ったぶん、新規に株を発行して資金調達をすることが考えられます。そこで手に入れた資金を使って、損失を補てんしたり、負債を消却したり、新規事業に資金を投入したりするのです。減資は企業にとって、仕方なくやる資本政策であり、追い込まれたときにとられる手段であると言うことができます。（復習→48ページ）

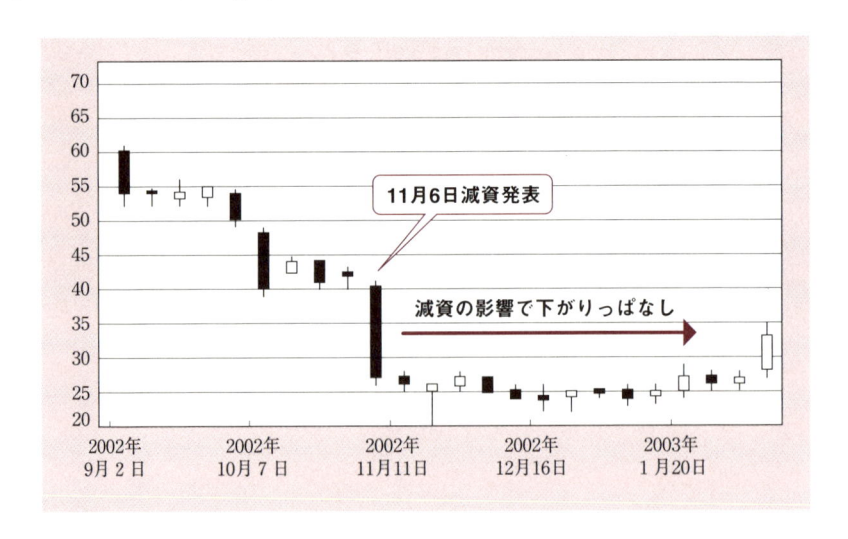

Case20　自社株買い（難易度　★★★★☆）

　ゲーム会社大手のＮ天堂は、1,400万株の自社株買いを発表しました。Ｎ天堂オリジナルキャラクターのポケチュー関連事業が好調で、そこで得た資金を使ってＮ天堂自身によるＮ天堂株の購入を行ない、その購入株式を償却すると発表しました。株を償却すれば、1,400万株減ることになります。このニュースを受けて、株価はどのように反応したのでしょうか？

‖　以下のチャートを参考にして、答えてください。　‖

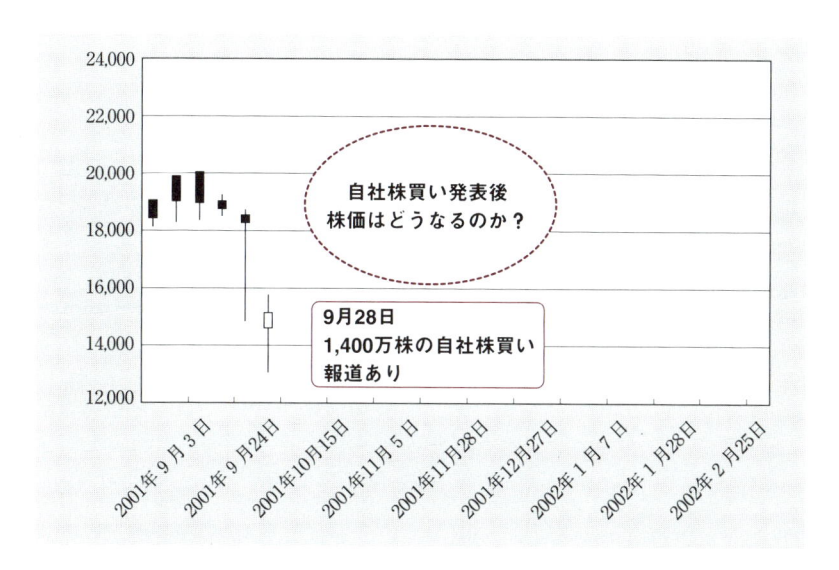

① 自社株買いが行なわれ、発行済株式数が少なくなることで、以前より株が買いにくくなったと思われ、株価が下がった。
② 自社株買いが行なわれ、発行済株式数が少なくなることで、既存株主の１株当たりの利益が膨らみ、株価が上がる。

答　②

以下の図のように、自社株買いの報道発表後株価が上昇しているので、②が正解です。

11月25日自社株買い
9月28日
1,400万株の自社株買い
報道あり
24,000
22,000
20,000
18,000
16,000
14,000
12,000
2001年9月3日
2001年9月24日
2001年10月15日
2001年11月5日
2001年11月28日
2001年12月27日
2002年1月7日
2002年1月28日
2002年2月25日

自社株買いとは、自分の会社の株式を会社自身が買うことを言います。これを行なうことで、市場に出回る株数が少なくなります。とくに、買い取った株を償却すれば、発行済株式数が減るので、1株当たりの価値が上がって、株価の上昇要因になるのです。一般的に、資金に余裕のある企業が行なう資本政策です。（復習→49ページ）

「企業外分析力」

Case21　海外情勢の影響（難易度　★★★★☆）

続いて、他の業界も調べてみて、国内自動車メーカー最大手の豊川自動車と国内製鉄企業の新東京製鉄の2つの銘柄の業績がいいので、どちらかを購入することにしました。

自動車生産台数が世界第2位の豊川自動車は、輸出が好調で過去最高の売上高を更新し、国内の他の自動車メーカーに差をつけ、トップシェアを維持しています。一方、新東京製鉄は国内需要中心の鉄鋼メーカーで、鉄を原料にしているメーカーの受注が増え、売上高も伸びています。

両企業の株価と株式指標

	現在の株価	単元	PER	PBR	ROE	ROA
豊川自動車	500円	100株	4.4	1.0	2.6	2.4
新東京製鉄	500円	100株	2.7	1.0	2.2	3.5

両企業とも業績はいいのですが、不安材料として海外情勢が挙げられます。実際にアメリカと強い利害関係のある日本はイラク戦争の影響を大きく受け、海外情勢の不安は日本の景気にも影響しています。また、テロなどの不安材料も抱えています。

>　では、ここで選択肢を選んでください。あなたならどちらの銘柄を買いますか？
>
>　①　豊川自動車株を購入
>　②　新東京製鉄株を購入

答 ②

　海外情勢不安が起こると、多くの場合国際優良銘柄が一斉に売られます。このケースにおいては、輸出が中心である豊川自動車は海外情勢の影響を大きく受け、株価が下がると考えられます。一方、内需関連企業である新東京製鉄は、豊川自動車ほど大きな影響を受けず、業績好調を反映して株価は上昇すると考えられます。
　株を買う際には、アメリカ・ヨーロッパ・アジアを中心とした海外情勢に注意する必要があります。とくに、アメリカが重要で、今回のケースのように戦争が起こる、あるいはアメリカ政府高官の発言が出るなどの影響で、そのニュースの関連銘柄の株価が動くことがあります。豊川自動車の場合、業績がこんなにいいのに下がることがあるのか？　と不思議に思うかもしれませんが、株価というのは将来の期待を表すもので、たとえ業績が良くても、企業の将来性に不安を感じる人が多ければ、株価は上がるどころか下がってしまうのです。

補足：なぜ海外情勢不安で国際優良銘柄が売られるのか？
（1）アメリカが戦争を開始すると戦費が増えて財政状況が悪化します。するとそれを補うために国債発行額が増え、その国の政府が多くの借金を抱えることになります。借金を多く抱える国の通貨は信用性が低くなり、当然売られることとなります。その結果ドルが売られ、円高ドル安になります。
（2）先行きに対する不安感からとくにアメリカの消費者が支出を減らし企業業績が落ち込むと市場参加者が予想します。国際優良銘柄は売上の海外比率が高く、上記の影響を大きく受ける形になるため、市場参加者は国際優良銘柄の業績に悪影響が出るのではないかと懸念し、買いを見送るのです。(復習→68、71ページ)

Case22　為替と株の関係（難易度　★★★☆☆）

　デジカメ・複写機の製造を主力事業にしているチャノンの株を買いました。チャノンは国際優良銘柄として知られ、いくつかの製品では世界トップシェアを誇っています。チャノンのような、海外を相手に製品を輸出して大きな利益を出している輸出関連企業は為替に注意しなくてはいけないと本に書いてあったので、為替相場に関する記事をたくさん読みました。現在のレートは1ドル＝115円なのですが、アメリカ経済の失速で円が強くなり1ドル＝105円まで円高が進みそうとの見方が大半を占めています。

> 　円高・ドル安になると、チャノンの業績、ひいては株価にどういった影響を与えるのでしょうか？

① 　円高・ドル安になると、チャノンの業績が悪くなり、株価は下がる。
② 　円高・ドル安になると、チャノンの業績が良くなり、株価は上がる。
③ 　円高・ドル安になっても、チャノン業績には影響がなく、株価は変わらない。

答 ①

　チャノンは海外の取引先から、商品の代金として100万ドルを受け取る契約になっていたとします。1ドル＝115円から1ドル＝105円まで円高が進んだとすると、1ドル＝115円だったときは、100万×115＝1億1,500万円もらえるはずだったのが、1ドル＝105円になったときには、100万×105＝1億500万円しか受け取れなくなってしまい、1,000万円の損失が出てしまいます。よって、チャノンは減益が見込まれ株価が下がるのです。

　取引先としては同じ100万ドルを払っているので同じことなのですが、代金を受け取る方は、為替レートの変化によるリスクを抱えています。とくに、輸出関連企業については注意が必要でしょう。日本でいえば、自動車・電機関連が輸出関連企業に当たります。（復習→68ページ）

　　※逆に内需中心・輸入関連企業は、為替の動きによる影響が輸出企業と逆になるので、これも併せて注意しておきましょう。例えば、内需中心企業であれば繊維など、輸入関連企業では原油などの原材料を海外から調達する企業が挙げられます。

Case23　買収した会社に注意せよ（難易度　★★★★☆）

あなたは成長著しい新興ITベンチャーを物色していました。そこでハイテクルという画像処理ソフト販売会社に目を付けました。

ハイテクルの連結ベースにおける業績推移

	2002年期12月中間	2003年期6月期
連結売上高	7.3億円	20億円
連結当期純利益	1.9億円	6.5億円

先日ハイテクルはソフト会社テツコの買収を発表しました。テツコは赤字体質で、本来なら買収の対象になるとは考えられません。しかしハイテクルは、テツコの持っている先端技術を手に入れて、自社の画像編集技術を補完しようという思惑のもと買収に踏み切りました。合併後の今期、ハイテクルの連結業績は順調です。しかし財務に詳しい友人が、「子会社のテツコの業績があまりにも悪すぎるので、買収したハイテクルの財務も危険だ」とアドバイスをくれました。

テツコの財務諸表

費　目	2001年1月〜12月	2002年1〜6月
売　上　高	1200万ドル	700万ドル
経　常　利　益	▲800万ドル	△500ドル
当期純利益	▲850万ドル	▲2900万ドル
資　産	2900万ドル	80万ドル

案の定、テツコの財務諸表をよく見てみると、資本がほとんどなく負債だらけであり、財務内容から判断すれば、破綻寸前と言えます。

> さて、あなたはここで、親会社の連結業績、子会社の業績どちらを信じればよいのでしょうか？

① 子会社のテツコの業績は不安材料だが、親会社のハイテクルの業績さえよければ問題ないので、株を購入する。
② テツコが赤字ばかりで業績の悪さは深刻であり、合併後にはテツコの業績がハイテクルを圧迫し危険だと思われるので株を買わない。

答 ②

　テツコの財務諸表を見てみると、2001年については経常利益・純利益ともに赤字が出ています。一方、2002年1月～6月については、経常利益がプラスに転じていますが、これは財務諸表をごまかすために資産を売却したことよるものです。資産の激減がこれを物語っており、この結果特別損失として、逆に当期純利益に損失が計上されているのです。

　今回のケースのように、業績の悪い子会社を買収したときは注意してください。2章ではごまかしを防ぐためのものとして連結決算を紹介しましたが、連結決算だけでは本当の企業の財務状況が見えないこともあります。また、買収に限らず、重要な関連企業・子会社の業績にも注意が必要です。

Case24 金利と株価の関係（難易度 ★★★★☆）

金融政策決定会合が行われ、日銀が金利を2％から1％へ引き下げました。

【金融政策決定会合とは？】

　金融市場の調節方針など、日本銀行の金融政策の運営方針を決定する会議。総裁と2人の副総裁、6人の審議委員がメンバーで話し合われ、月に1～2回程度開かれる。

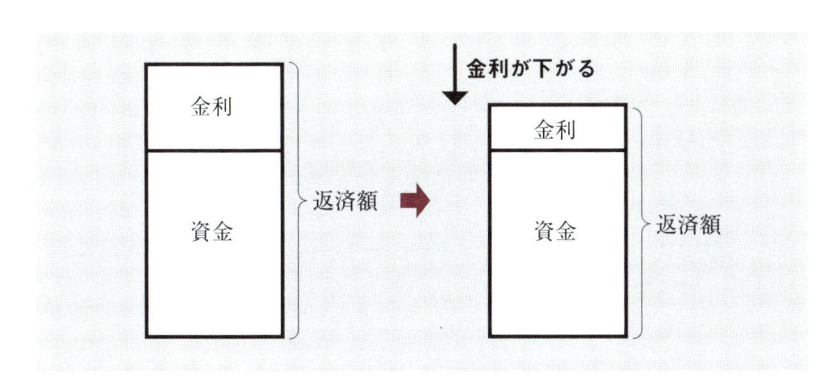

　金利が下げられたことで、以前よりも利息が減るため、企業は資金の借入がしやすくなります。この政策によって、株式市場はどういう動きを見せるでしょうか？

① 金利が下がったことで資金を調達しやすくなり、それにより設備投資を行ない、業績が向上し株価も上がる。
② 金利が下がったことで資金を多く調達し、そのぶん有利子負債が増え、業績が悪化し株価が下げる。

答 ①

　金利と株価は一見関係がないように思えるのですが、金利の上下変動によって、企業の設備投資に影響を与えます。金利が下がることで、設備投資が活発になれば株価上昇につながります。一方、金利が上昇し、設備投資が控えられれば株価下落を招くことになります。したがって、これらを判断するためには日本の金利政策の大きなトレンドをつかまなくてはなりません。とくに、金融政策決定会合などの重要会議には注意が必要です。
（復習→64ページ）

金利が下がった場合
- ①預金量減少 ⇒ 預金から株に資金移動
- ＋
- ②金利負担減少 ⇒ 企業は借入金を増やして設備投資額増加
- ⬇
- **株高**

金利が上がった場合
- ①預金量増大 ⇒ 株から預金に資金移動
- ＋
- ②金利負担増大 ⇒ 企業は借入金を減らして設備投資額減少
- ⬇
- **株安**

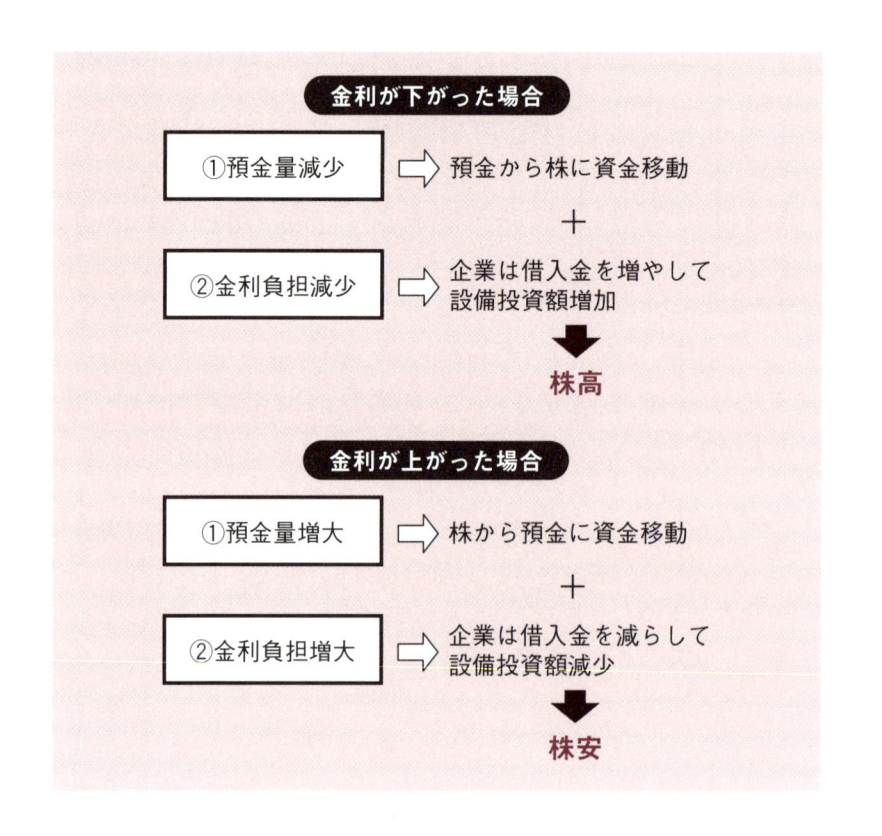

Case25　ニューヨーク証券取引所との関係（難易度　★★★★☆）

　下記の文章は、ニューヨーク証券取引所と日本企業に関する文章です。次の文章のうち正しい文章を選んでください。

※ニューヨーク証券取引所とは、アメリカの株式取引所の中心にあたる市場のことで、日本で言うと東京証券取引所のような位置づけです。

① 日本の株式市場は日本の投資家中心であり、米国の投資家が中心となるニューヨーク証券取引所の値動きは日本の株に影響を与えない。
② ニューヨーク証券取引所にも、日本の主力企業、たとえばトヨタ、ソニーなどのとりわけ電気機器・自動車といった米国で収益を稼ぎ出している企業が多く上場しており、ニューヨーク証券取引所の影響を受けやすい。
③ ニューヨーク証券取引所には、マイクロソフトやデルのようなアメリカを代表する企業が上場しているが、日本企業は上場できない。しかし、ニューヨーク市場は世界の中心なので日本の市場への影響も大きい。

答 ②

　ニューヨーク証券取引所と日本株の値動きには関連性があります。それは、日本の株式市場の3割弱を占めている外国人投資家の存在に大きく関係しており、とくに、外国人投資家の中でも大きい割合を占める米国系の投資家の動きが、相場に大きな影響を与えています。以上の理由から、日本時間の夜のうちにニューヨーク証券取引所の動向を確認してから、翌日の日本株の売買の判断をする投資家が増えています。だから、朝に注文を出すときは、夜のうちにニューヨーク証券取引所の状況（ニューヨークの9時半、つまり日本での23時台に発表される）を必ずチェックしておくようにしましょう。その際に見ておきたいのが、NYダウ・NASDAQ指数の2つの指標です。NYダウとは、米国を代表する主要30企業の平均株価から算出され、日本でいう日経平均のような位置づけになっています。また、有名なマイクロソフトやデルなどの企業はNASDAQというハイテク関連銘柄が多く登録している市場に上場しています。NASDAQ指数はNASDAQ上場会社の値動きを示したものです。

　とくに米国の株式市場と関連性が深い銘柄をまとめておきます。

　アメリカでの景気動向などは、地域別売上においてアメリカの割合が高い日本の国際優良銘柄の業績に大きく影響を与えます。アメリカの市場の浮き沈みは今後の景気動向なども織り込んでいるため、そんな日本の国際優良銘柄の株価にも関連性があります。
◎米国株——主に国際優良銘柄に影響を与える。

　NASDAQにはハイテク関連銘柄が多く上場しているので、NASDAQ指数の値動きは日本の、とくにハイテク銘柄に大きく影響を与えます。
◎NASDAQ——日本のハイテク銘柄に影響を与える。

「応用力」

Case26　権利落ち日に注意せよ！（難易度　★★☆☆☆）

　株式を保有していると、株主優待制度によりその企業の自社製品が送られてきたりします。優待を受けることができるかどうかは、その会社の決算時に株主であるかどうかで決まります。つまり、3月決算なら3月期末に株主であれば優待を受けることができます。また、優待や配当を受け取るためには、権利確定日の4営業日前には株式を保有していなければなりません。（復習→26ページ）

　以下のスケジュール表が権利落ち日付近の日程を示している。

権利確定日のスケジュール（2004年1月参考）

26日(月)	27日(火)	28日(水)	29日(木)	30日(金)	4～5月
配当を受け取るための最終売買日（権利確定日の4営業日前）	26日に株主であれば、この日以降に売っても大丈夫（権利落ち日）			権利確定日	権利確定日から3ヵ月後
④	③	②	①		

　権利落ち日の株価はどういう動きをすると考えられるでしょうか？　以下の選択肢から選んでください。

① 優待・配当を受けることができなくなるので、株価は下がる。
② 優待・配当を受けて、ますますその会社の株を長く保有しておこうと思う人が増え、株価は変わらない。
③ 優待・配当を受けて、好感を持った株主がその会社の株を買い増し、株価は上がる。

答　①

　一般的に、権利落ち日には配当や優待を目当てに株を購入していた人が売却するだろうと思われ、株を売る圧力が強くなります。株をずっと持っておこうと思っていても、いったん株価が下がるので、一度売ってしまってから下がりきったところで、安い値段でもう一度買いなおすのもよいかもしれません。仮に、1,000円の株価に対して10円の配当金を企業が支払っていた場合には、990円まで下がると理論的には考えられています。必ず理論株価の通りになるわけではありませんが、統計データを見ると多くの場合、理論株価に一致しています。

　また、権利落ち日に株価が下がるということは、権利落ち日の前日までは優待・配当目当ての買いが集まり株価が上昇していたことを意味します。したがって、権利落ち日よりずっと前の株価が上がっていない段階で株式を購入しておいて、権利落ち日前日に高い値段で利益確定売りをして、キャピタルゲインを手に入れるというのもよいでしょう。（復習→26ページ）

買い方	買うタイミング	売るタイミング	結果
教科書通り	権利確定日 ※みんな買うので、いつもより値が高い	権利確定日の次の日 ※みんな売ろうとするので、値が安い	優待・配当はもらえるが、株価が下がり、結果的に見れば損
教科書の逆をついた買い方	権利確定日の2、3カ月前 ※いつもどおりの値	権利確定日 ※みんな買おうとするので、値が高い	優待・配当はもらえないが、株価が上がり、結果的に得

Case27　ニュースからの連想（難易度　★☆☆☆☆）

　あるニュースが発表された後、そのニュースと関連があると思われた銘柄の株が突発的に上がったり下がったりすることがあります。その例として狂牛病（BSE）事件があります。2001年9月、日本で初のBSEの発覚が報道されました。このニュースが流れたことによって、牛丼チェーン店、焼肉屋など牛肉関連の株価が大きく下がりました。誰もが危ない牛肉を避けるようになって、業績悪化につながるだろうと見られたためです。しかし、そのニュースが流れたことによって、ある業種の銘柄は逆に大きく値上がりしました。さて、その株価の上がった業種とは何でしょうか？

① 牛肉の需要が減ったので、同じ牛から取れる牛乳メーカー関連銘柄が大きく上がると思われた。
② 牛肉の需要が減ったので、牛肉を食べなくなった分、魚を食べるようになり、水産物関連の銘柄が大きく上がると思われた。

答　②

　牛肉を避け、魚などの食料品に消費が流れるとの予測から水産物関連銘柄が買われ、この他日本ケンタッキー・フライド・チキン（東証2部・9873）などの鶏肉関連銘柄の売買高も急増しました。①の解答も予想しようと思えばできないわけではありませんが、ニュースからの連想は投資家の心理的な部分によるところが大きく、より連想されやすい銘柄に影響が出ます。牛肉関連銘柄の株価は、最初のニュースからしばらく経つと落ち着きを取り戻してきましたが、その後も2頭目のBSE感染の牛が発見され、再び下がってしまいました。さらに、2004年2月に米国産牛肉の輸入禁止措置がとられると、"吉野家"をはじめとする牛丼チェーン店は主力商品である牛丼の販売を中止せざるを得なくなってしまい、牛丼チェーン大手の銘柄は軒並み値を下げることになったのです。

　「食品業界には安定銘柄（＝激しく値が動かない銘柄）が多い」とよく言われますが、実際には消費者の信頼にその売上を依存しているがゆえに、それを突き崩すようなニュースにはとても敏感に反応することも当然あるのです。食品銘柄を買うときには、食にまつわるニュースやその企業が品質管理にどれだけ注意しているかが重要なのです。

ニュースから株価が変動した典型例

ニュース	銘　柄	結果
BSE・鳥インフルエンザ	食品銘柄	下がる
戦争・テロ	旅行会社	下がる
原材料価格	石油・鉄鋼・繊維など	原材料価格上昇で、コスト上昇、株価下落
		原材料価格下落で、コスト減少、株価上昇
日経平均上昇	証券会社	上がる
天気（気温など）	スーパー・百貨店など消費関連	天気が良く、客足が伸びると上がる。天気が悪く、客足が鈍ると下がる。

Case 28　関連企業への影響（難易度　★★☆☆☆）

以下のグラフはある銘柄の2003年度の株価を表しているグラフです。

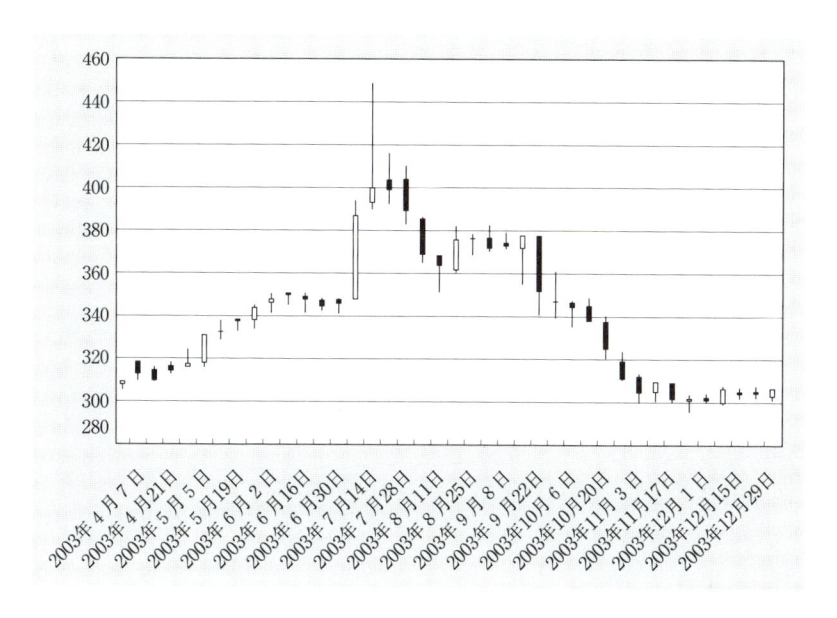

この銘柄は、所有するプロ野球球団が春先から絶好調で、関連グッズが大量に売れ、かつ優勝期待が膨らんで株価も上昇しています。さてこの銘柄はなんでしょう？

（ちなみに、1999年春も同様の理由で株価は急速に上昇していて、結局シーズン途中から失速したので、株価は元通りになってしまっています。）

① 球団はダイエーだから、親会社のダイエーの株だと思う。
② 球団は阪神だから、親会社の阪神電気鉄道の株だと思う。
③ 球団は巨人だから、親会社の日本テレビの株だと思う。
④ 球団は日本ハムだから、親会社の日本ハムの株だと思う。

答 ②

　1999年春、阪神は野村監督をむかえ、シーズン序盤は快進撃を続け、株価も急上昇しました。阪神ファンの熱狂ぶりはよく知られているところで、阪神が勝つことで熱狂的なファンが阪神グッズをたくさん買うと思われ、阪神電気鉄道の業績も上向きになると連想されて株価は上がるのです。しかし、このシーズンは中盤以降優勝争いから脱落し、結局シーズン最下位と定位置に戻ってしまいました。球団の調子がそのようになってくると、株価も急激に下がり始め、シーズン開始前の水準に逆戻り……。

　2003年は星野監督のもと、序盤から絶好調、株価も再びうなぎ上りに。ただ、途中から阪神が独走状態になり、ほぼ優勝を確定させてしまったので、株価の方も落ち着き始め、日本シリーズあたりでは株価は戻ってしまったのです。

　星野阪神への期待感から阪神電気鉄道の株が序盤は買われたものの、途中からそれが当たり前になり、株価が下がり始めた現象こそ、株価が人の期待感で動くことをよく表していると言えます。

阪神が勝つ	阪神が負ける
市場が大きく反応し、株価上昇	株価は定位置。阪神百貨店の業績次第

　他の球団が活躍しても、関連企業（ジャイアンツなら日本テレビ、マリーンズならロッテなど）の株価には、それほど影響を及ぼしません。阪神電気鉄道にとって、阪神の成績が大きなインパクトとして売上にものすごく影響を与えると考えられているからこそ、株価にも影響が出てくるのです。

第4章 株式ゲームの時間です！
「応用力」

Case29　株のトレンド（難易度　★★★☆☆）

　株式は時期によって、売られやすかったり買われやすかったりします。たとえば、株式市場の大口プレーヤーである機関投資家は、2～3月にかけては、株を_(a)_やすく、4～5月にかけては、株を_(b)_やすいという傾向があります。

> 以下の図を参考にして、空所にあてはまる言葉の組み合わせを選択肢から選んでください。

大まかな株価のリズムを示している

（図：1999年～2003年の日経平均株価推移。3/17、4/14、3/16、2/8、5/11、5/17などの日付が示されている）

① (a) 買い　　(b) 売り
② (a) 売り　　(b) 買い

答 ②

　年度末（2～3月）は機関投資家の業務上の締め切りであるため、年度末までに処分しないといけない株式を処分しきるために、値段に関係なく売り圧力が強くなり、株価が下がる傾向にあります。一方、新年度に入る（4～5月）と新規の運用資金が割り当てられ、新しく株を買おうとするため、株価が上昇しやすいのです。

　株価の推移にはさまざまな要因から形成されるトレンドがあります。これが、ある特定の1つの銘柄だけに影響を与えるというわけではないのですが、市場の大きな流れとして広範囲にわたって影響を与えるので注意しておきましょう。さらに、これとあわせて覚えておきたいのが、景気のサイクルと各業種の株価との相関関係です。

景気	景気回復期	景気拡大期	景気後退期	景気収縮期
上昇する業種	化学、鉄鋼、情報通信、証券	石油、石炭、精密機械	電力、ガス、その他商品	電力、ガス、倉庫、運輸

　また、一般的には、下図のようなサイクルで株は動いているといわれています。このサイクルを3～4年かけて、1周します。必ずしもあてはまるとは限りませんが、株価が下落しているときには仕手株（復習→25ページ）がはやるといったことは知識として知っておけば、役に立つでしょう。

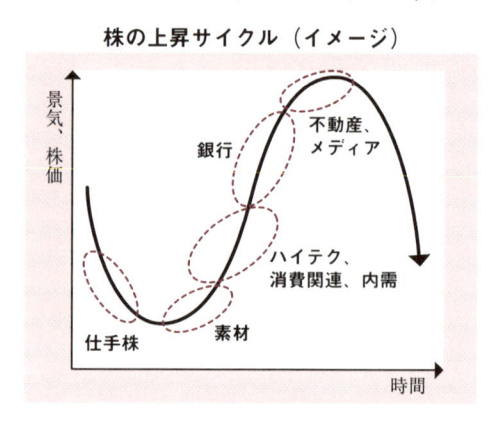

株の上昇サイクル（イメージ）

Case30　PERにだまされるな！！（難易度　★★★★☆）

　割安な株を探そうと思ったので、いくつかの銘柄をピックアップしてみました。その結果、下田電気・西急電鉄・日本製鋼の3つの銘柄の中からどれか1銘柄を買おうと考えています。以下の表は、下田電気・西急電鉄・日本製鋼の指標をまとめたものです。
　あなたなら、この3つの銘柄のうちどの銘柄を買いますか？

銘柄名	PER／業種平均PER	決算発表による今期売上高伸び率（前年比）	自己資本比率	第三者である、アナリストによる来期予想売上高伸び率
下田電気	6.0／14.5	＋2.2％	54％	－5.4％
西急電鉄	15.3／12.8	＋3.4％	24％	＋3.1％
日本製鋼	23.7／24.2	＋5.4％	63％	＋11.7％

① 　下田電気
② 　西急電鉄
③ 　日本製鋼

答 ③

　割安銘柄を買う際には、とくに業績予想に注意しておく必要があります。今回のケースでは、①の下田電気が業種平均PER14.5と比べてもPER6.0となっており、最も割安な銘柄と言えます。しかし、会社発表の今期売上高伸び率が＋2.2％であったにもかかわらず、アナリストによる来期予想が－5.4％になっているのを見ればわかるように、今後の業績に大きな不安があると言えます。それに対して、③日本製鋼はPERが23.7となっており、この指標だけを見ると必ずしも割安とは言えません。しかし、業種平均PERを下回っていますし、また、業績を見てみると今期売上高伸び率で①下田電気を上回っているだけでなく、来期予想についても大きな成長性が見込まれています。

　このようにして考えると、PERの割安性に惑わされるのではなく、しっかりとした業績面の裏付けが必要であることがわかります。したがって、今回のケースでは③日本製鋼を買うべきだと言えます。

☆解答欄☆

	Case1	Case2	Case3	Case4	Case5
常　識　力					
業　績　分　析　力	Case6	Case7	Case8	Case9	Case10
チャート分析力	Case11	Case12	Case13	Case14	Case15
企業内情報分析力	Case16	Case17	Case18	Case19	Case20
企業外情報分析力	Case21	Case22	Case23	Case24	Case25
応　用　力	Case26	Case27	Case28	Case29	Case30

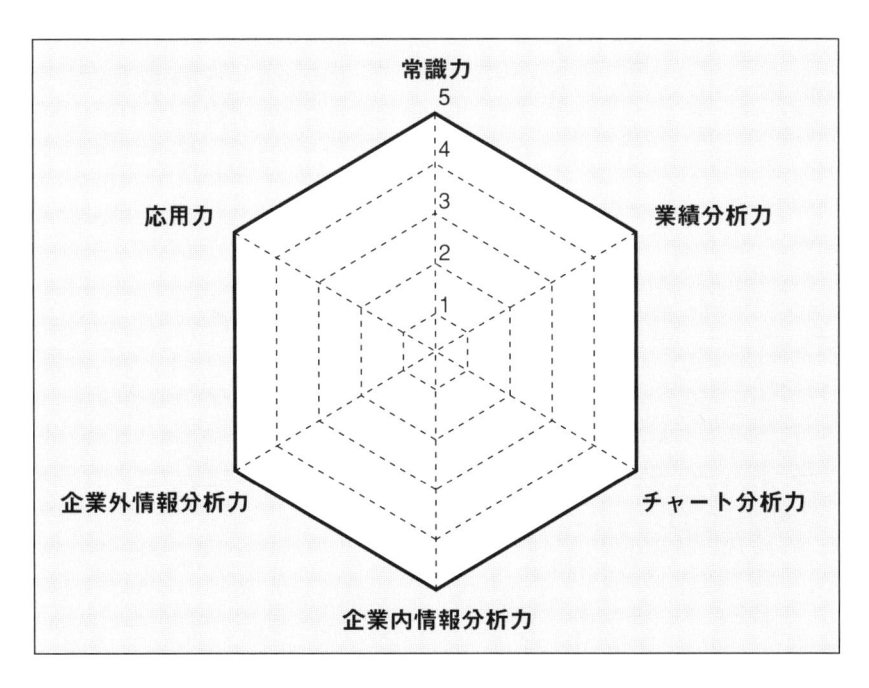

●アドバイス●

　6つの分野のたった1つでも3点以下だったあなた!!　ズバリ、そこがあなたの弱点です。そんなあなたに、ささやかながらアドバイスを贈ります。参考にしてください。ただ、アドバイスを実行するだけでは足りません。そうです、あなたには各問題の該当箇所を穴が開くほど読み返すことが、とっても必要なのです。さぁ、がんばって復習しましょ～!

○常識力が、惜しくも3点以下のあなた

　仮に、指標などを見て銘柄を選ぶことができたとしても、常識力に不安のあるあなたには実際の売買で思わぬ失敗をしてしまう恐れがあります。本来なら利益が出ていたところを、うっかりミスで泣きを見ることになりかねません。1章を読み返して、株の意義・取引の仕組みを復習しましょう。

> そんなあなたを恋愛で言うならば……
> 相手の性別を間違えてしまっている状態です。

○業績分析力が、残念ながら3点以下のあなた

　→企業の業績を正しく分析できなければ、銘柄選びを誤り、損を出す可能性が高くなってしまいます。2章前半を読み返して、企業を正しく見抜く力を付けましょう。

> そんなあなたを恋愛で言うならば……
> 合コン時に猫をかぶっている相手の姿を、真実のものだと思ってしまうことです。

○企業内情報分析力が、はからずも3点以下のあなた

　→財務諸表だけを分析して、全てをわかった気になってはいけません。企業の資本政策にも気をくばらないと、あなた（株主）を大切にしない会社の株式を買う羽目になりますよ。2章後半を読み返し、企業のニュースを判断する力を付けましょう。

> そんなあなたを恋愛で言うならば……
> 心から嫌がっている相手を「こいつ、恥ずかしがってるけど、実は俺に気があるんじゃないか」と誤解している状況です。

○企業外情報分析力が、過激に3点以下のあなた

→企業自体が投資家に伝える情報を正しく評価できていても、経済状況・市場動向などの外部情報が指し示すものを見逃し、失敗してしまうかもしれません。3章を読み返し、政治・経済状況の変化や企業外のニュースを読み解く力を付けましょう。

> そんなあなたを恋愛で言うならば……
> 告白すると、必ずその人にラブラブな彼氏がいるという状況です。

○チャート分析力が、取ってつけたように3点以下のあなた

→正確なファンダメンタル分析で銘柄を絞れたとしても、株価の流れを無視した投資では必ずしも成功しません。2章4時間目を読み返し、チャートを正しく見抜く力をつけましょう。

> そんなあなたを恋愛で言うならば……
> 仏滅にプロポーズしちゃったりすることです。

○応用力が、お日柄もよく3点以下のあなた

→基本的な考え方は網羅できていても、より成功確率の高い投資をするためにはその基本的知識を応用することが必要になってきます。日々のニュースと株式を関連付ける癖をつけ、投資家心理を読み解く力を身に付けましょう。

> そんなあなたを恋愛で言うならば……
> フラれる言葉はいつも決まって「あなたってワンパターン、つまらない」

15点未満の人→まだ投資を始めるには早い段階です。もう1度本書をじっくり読み直し、問題を解き直して知識を自分のものにしていきましょう。

15点以上

25点未満の人→知識は徐々にあなたのものになってきています。株式投資に実際に触れつつ、足りなかった力を本書で補い、より成功率の高い投資を目指しましょう。

25点以上の人→本書の内容はほぼ習得できています。自信を持って株式投資を始めましょう！

コラム2　「株心」とは

　——永野会長、今日はよろしくお願いします。まずは、これから成長する企業はどういったものだと思われますか？

　成長企業であるためには、まず世の中に受け入れられる企業でなければなりません。そのためには、商品・サービスに付加価値を付けることが必要です。「企業自身の都合で商品を売りたい」というのでは受け入れてもらうことはできませんね。お客様が望むものを徹底的にご提供させていただき、嫌がられているものを徹底的に排除する。この姿勢が必要です。これは、どの業界にもあてはまることです。

　——お客様を大切にする企業ということですか。では、企業の側にそういった自覚が必要となりますね。

　その通りです。製品を選ぼうとするお客様は真剣です。そういうお客様に対して、我々企業の側としては当然真剣に対応していかねばなりません。企業はお客様に対して、常に正直でなければならないのです。つまり、ホンモノの商品を提供し、正直な心でお客様に接することが求められているわけです。信頼のないところには発展は存在しません。今日では、商品を選ぶ選択権はお客様にあります。企業は、お客様が何を求めているかを見抜き、正しい判断をしていかねばなりません。決して迎合するのではなく、お客様に受け入れられるよう商品・サービスの質を上げていくべきなのです。

　——なるほど。そういった企業には、投資家としても魅力を感じてしまいますね。それでは、これから投資を始めようという方に対してメッセージを頂けますか？

　自分の投資先を見つけるために、何か難しいことをしなければならないということはありません。日常の生活からも大きなヒントが得られるでしょう。人が集まっているのならば、なぜ集まっているのかを考えることで投資に結びつくこともあるでしょう。また、リスクを恐れることはありません。今では、投資環境もかなり整ってきており少額投資も可能となっています。リスクの裏側には必ずリターンが存在します。まずは、マーケットについて正しく勉強し、投資を体験する、そしてリスクを負う、これを実行する勇気を持つことが重要でしょう。実際にやってみなければ、わからないことがたくさんありますよ。それが、「株心」というものなんですよ。

　——実際に、投資をやってみて初めて気付くことが多いというのは、僕たち自身もとても感じています。今日はお忙しいなか、どうもありがとうございました。

永野　紀吉氏
日興証券常務取締役、山加証券代表取締役社長、日本グローバル証券代表取締役副社長などを経て、現在JASDAQ会長。新興市場の活性化を通じて、日本経済をさらに発展させようと尽力されている。

第5章　銘柄選択のリアル

第4章までお読みになられた皆さんは、遊太くん、勤くん、彩ちゃんの3人とともに、株式投資をするために必要な知識についていろいろと学んできたことになります。もうみなさんは、個人投資家になるための大きな第一歩を踏み出しているわけです。自信を持ってください！　さて、ここでみなさんの心の中に、あるひとつの大きな疑問が悶々と湧き上がっているのではないでしょうか？

「今まで学んできた知識をどうやって使えば"成功する投資"に結びつくのだろう？」

　第5章では、そんなみなさんに投資する銘柄を選ぶためのリアルな思考プロセスを知ってもらいたいと思います。この章では、みなさんが投資家として実際に銘柄を選ぶことになるのです。その前に、思考のプロセスのモデルを以下に提示します。常に下図のようにうまく進むとは限りませんが、ひとまずこの順序を頭に入れておくといいでしょう。

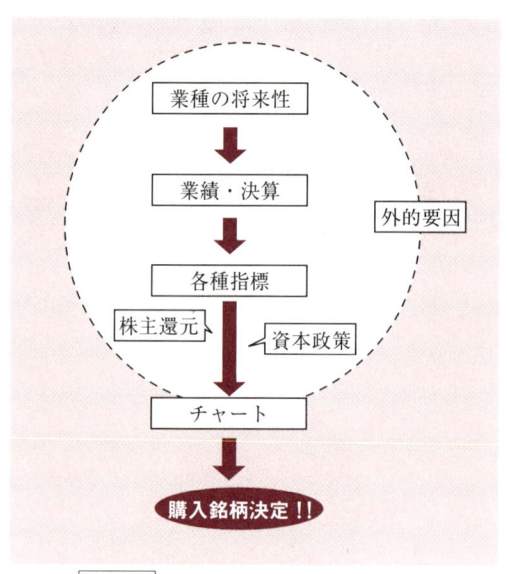

業種の将来性
↓
業績・決算
↓
各種指標
株主還元　資本政策
↓
チャート
↓
購入銘柄決定!!

外的要因

※ 外的要因 については手順の各場面で考慮する必要があることを示しています。

第5章　銘柄選択のリアル

　今までに株式投資についていろいろと学んできた遊太くん、勤くん、彩ちゃんの3人は実際に株式を買ってみることにしました。

遊太：ふぅ、授業終わったなぁ。これだけ勉強したんやから、もう大金持ちになれるな。

彩：だからぁ〜、株を買ったからってすぐにお金持ちになれるとは限らないのよ。今まで何を勉強してたのよ。

勤：そもそも株を買うだけの資金はあるんですか？

彩：そうよねぇ。ミニ株で買うにしたってそれなりのお金はいるわよねぇ。

遊太：あ、そうやった……。

彩：じゃあ、みんなでお金を出し合って投資してみるっていうのはどう？

勤：あ、彩さん、それは投資クラブっていうやつですね。

遊太：投資クラブってなんや？

勤：投資クラブっていうのは、簡単に言うと、みんなでお金を出し合って株を購入する団体のことですよ。つまり、どんな銘柄を購入するかは全員で話し合って決めることになるんです。

遊太：おもしろそうやな。それでやってみようや。ほな何買う？

彩・勤：（せっかちだな……）

　数日後、せっかちな遊太くんはあっという間に投資クラブ設立のための手続きを済ませ、投資クラブ"株とむし"を設立させました。

彩：実際にどの銘柄を買うかっていうのは、難しいわね。

遊太：全部買えばええねん。

彩：そんなに資金あるの？　まあ、いいわ。まず、どんな銘柄にするか考えましょう。

遊太：（怒らせてもうた……）そりゃまあ、とりあえず**身近な企業**がええよな。

勤：当然**業績が良い**ことも必要ですね。

彩：株レラ先生に習ったように**業種全体の動き**を見ながら買うべきよね♡

勤：それだったら紀香先生に習った**割安・割高の指標**も大事ですね。

遊太：やれやれ……。まあ、とにかく来週までに良さそうな銘柄探してきてや。

資料はまとめてきた方がいいわね。えっと、いつ頃からの資料を集めてくればいいのかしら？
　そやな、ここ1～2年くらいのでいいんちゃう？
　（何を推薦しよう？　絶対ボクの銘柄を……。そして紀香先生を……）

　では、改めて期間を設定しましょう。
　ここでは、**2003年の1月に買って、2003年の12月に売る**とします。（自分なりの売りラインを決めておくのは大事ですが、この章では1年間持ち続けることにしましょう）。
　さあ、下記のデータを見てください。遊太くん、勤くん、彩ちゃんの3人がそれぞれ1銘柄ずつ推薦しています。

これらの中で、あなたならどの銘柄を買いますか？

|勤の推薦銘柄| **トヨタ自動車(7203)**〜日産自動車と比較しながら〜

●**財務健全性**について（単位：百万円）

2002.3	トヨタ	日産
総資産	19,888,937	7,215,005
株主資本	7,325,072	1,620,822
資本金	397,049	604,556
有利子負債	5,751,982	3,029,759
株主資本比率	36.80%	22.50%

●**業績**について

トヨタ（単位：百万円）

決算日	売上	営業利益	経常利益	純利益	1株利益(円)
2001.3	13,424,423	870,131	972,273	471,295	127.88
2002.3	15,106,297	1,123,470	1,113,524	615,824	170.69
2003.3（予）	16,400,000	1,340,000	1,322,000	835,000	231.3
2004.3（予）	16,800,000	1,390,000	1,370,000	670,000	185.6
2002.9（中間）	7,886,681	730,827	794,028	553,797	158.5

日産（単位：百万円）

決算日	売上	営業利益	経常利益	純利益	1株利益(円)
2001.3	6,089,620	290,314	282,309	331,075	83.53
2002.3	6,196,241	489,215	414,744	372,262	92.61
2003.3（予）	6,800,000	720,000	660,000	490,000	108.5
2004.3（予）	7,000,000	700,000	640,000	385,000	85.2
2002.9（中間）	3,285,463	348,299	323,500	287,705	68.3

トヨタ（単位：百万円）

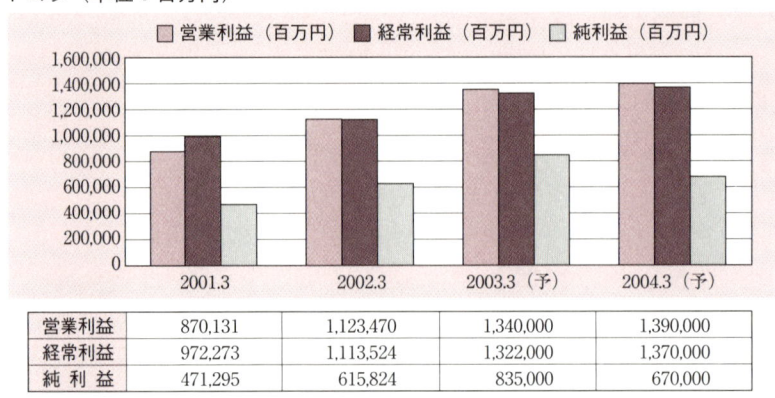

	2001.3	2002.3	2003.3（予）	2004.3（予）
営業利益	870,131	1,123,470	1,340,000	1,390,000
経常利益	972,273	1,113,524	1,322,000	1,370,000
純利益	471,295	615,824	835,000	670,000

日産自動車（単位：百万円）

	2001.3	2002.3	2003.3（予）	2004.3（予）
営業利益	290,314	489,215	720,000	700,000
経常利益	282,309	414,744	660,000	640,000
純利益	331,075	372,262	490,000	385,000

● 売上高比較（単位：百万円）

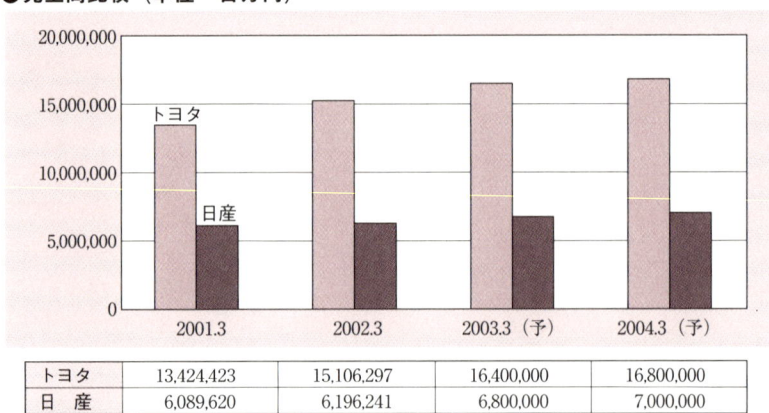

	2001.3	2002.3	2003.3（予）	2004.3（予）
トヨタ	13,424,423	15,106,297	16,400,000	16,800,000
日産	6,089,620	6,196,241	6,800,000	7,000,000

●指標からの分析（2002.12.30現在）

	予想PER	PBR	予想ROE	予想経常利益伸び率
トヨタ	13.8倍	1.55倍	11.10%	19%
日　産	8.5倍	2.58倍	29.40%	59%

●チャート

トヨタ

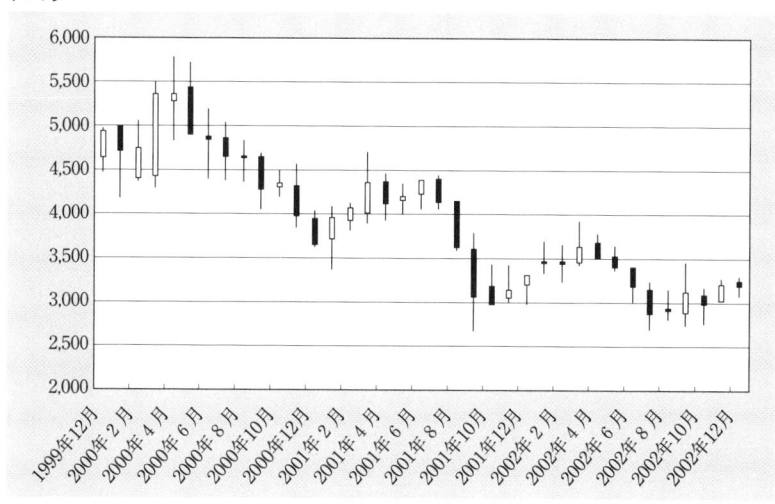

日産自動車

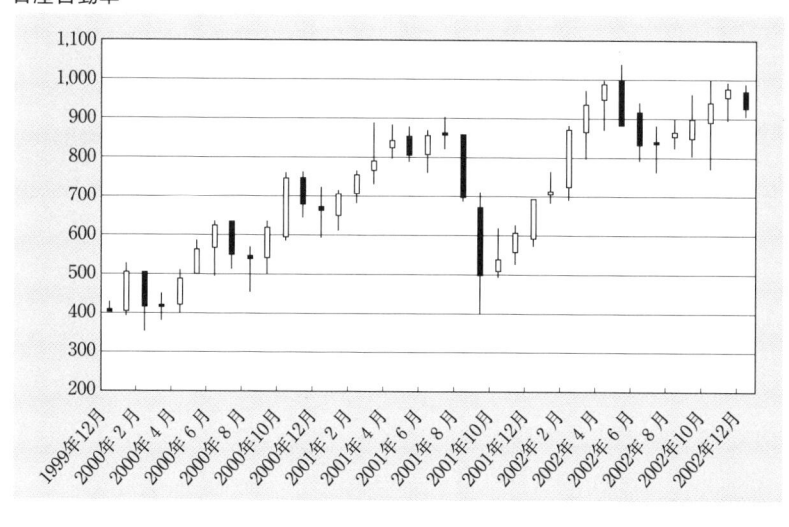

|彩の推薦銘柄| 花王（4452）～資生堂と比較しながら～

●財務健全性について（単位：百万円）

2002.3	花王	資生堂
総資産	772,144	664,040
株主資本	459,731	345,667
資本金	85,414	64,506
有利子負債	55,965	98,168
株主資本比率	59.50%	52.10%

●業績について
花王（単位：百万円）

決算日	売上	営業利益	経常利益	純利益	1株利益(円)
2001.3	821,629	107,098	111,870	59,426	96.69
2002.3	839,026	111,727	113,581	60,274	100.43
2003.3（予）	870,000	114,000	114,000	63,000	105.1
2004.3（予）	890,000	115,000	115,000	63,500	105.9
2002.9（中間）	434,926	61,578	62,654	33,290	57

資生堂（単位：百万円）

決算日	売上	営業利益	経常利益	純利益	1株利益(円)
2001.3	595,152	32,291	32,984	−45,091	−106.83
2002.3	589,962	25,572	27,556	−22,767	−54.64
2003.3（予）	625,000	47,000	43,000	25,000	58.9
2004.3（予）	631,000	49,000	45,000	30,000	70.7
2002.9（中間）	310,273	24,717	23,300	9,873	23.3

花王（単位：百万円）

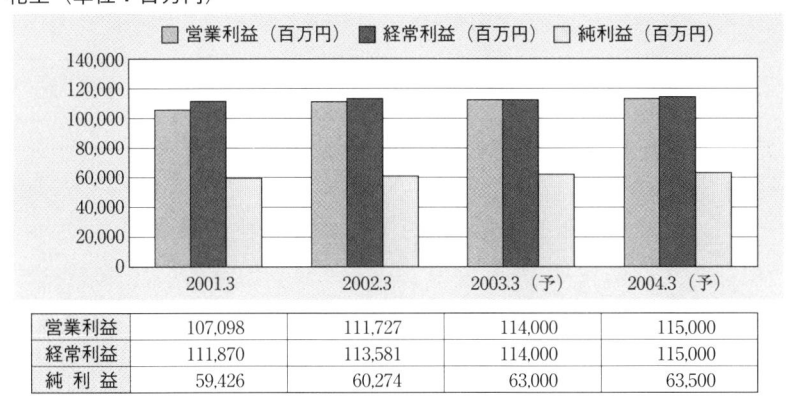

	2001.3	2002.3	2003.3（予）	2004.3（予）
営業利益	107,098	111,727	114,000	115,000
経常利益	111,870	113,581	114,000	115,000
純利益	59,426	60,274	63,000	63,500

資生堂（単位：百万円）

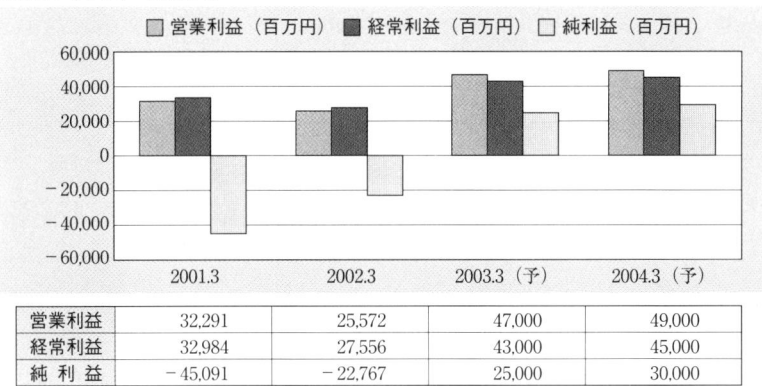

	2001.3	2002.3	2003.3（予）	2004.3（予）
営業利益	32,291	25,572	47,000	49,000
経常利益	32,984	27,556	43,000	45,000
純利益	－45,091	－22,767	25,000	30,000

●指標からの分析（2002.12.30現在）

	予想PER	PBR	予想ROE	予想経常利益伸び率
花 王	24.8倍	3.34倍	14.20%	0.4%
資生堂	26.2倍	1.89倍	7.30%	156%

● チャート

花王

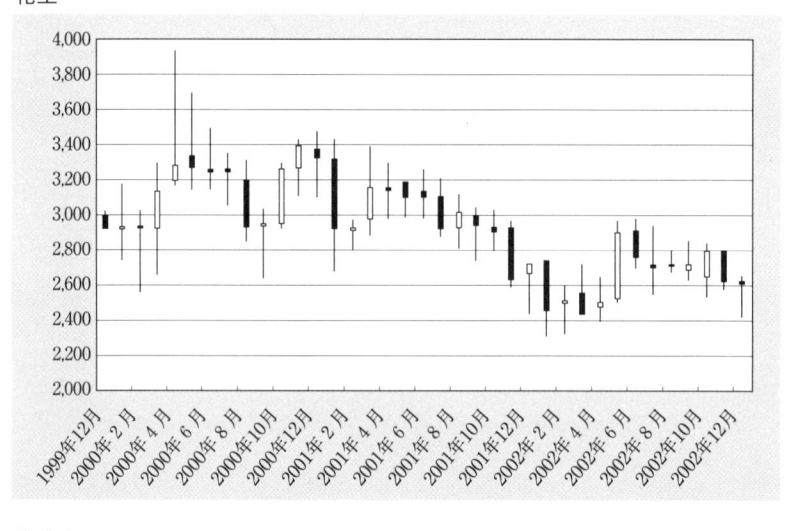

資生堂

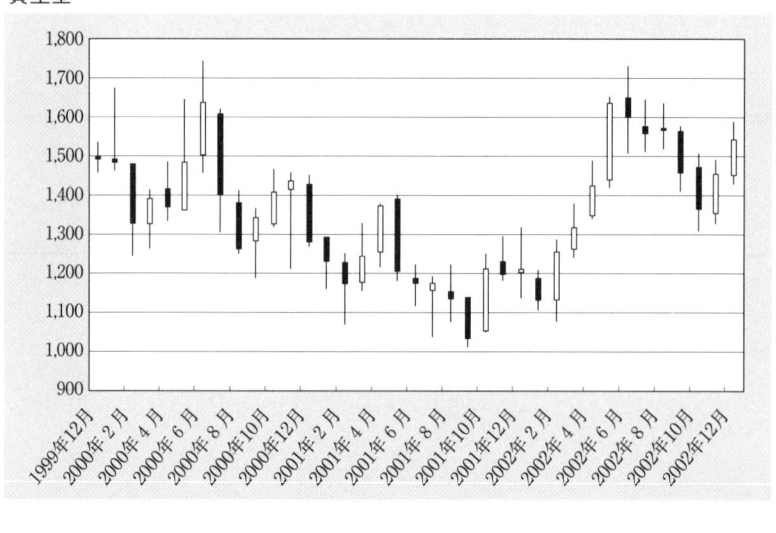

|遊太の推薦銘柄| シャープ（6753）～ソニーと比較しながら～

●**財務健全性について**（単位：百万円）

2002.3	シャープ	ソニー
総資産	1,966,909	8,185,795
株主資本	926,856	2,370,410
資本金	204,676	476,106
有利子負債	519,490	1,192,680
株主資本比率	47.10%	29.00%

●**業績について**
シャープ（単位：百万円）

決算日	売上	営業利益	経常利益	純利益	1株利益（円）
2001.3	2,012,858	105,913	80,728	38,527	34.2
2002.3	1,803,798	73,585	48,889	11,311	10.1
2003.3（予）	2,000,000	90,000	68,000	37,000	33.3
2004.3（予）	2,080,000	95,000	73,000	40,000	36
2002.9（中間）	971,765	44,855	38,346	22,898	20.69

ソニー

決算日	売上	営業利益	経常利益	純利益	1株利益（円）
2001.3	7,314,824	225,346	265,868	16,754	18.33
2002.3	7,578,258	134,631	92,775	15,310	16.72
2003.3（予）	7,600,000	280,000	310,000	180,000	195.2
2004.3（予）	7,800,000	340,000	330,000	170,000	184.3
2002.9（中間）	3,511,536	102,391	165,463	101,232	110.1

シャープ

	2001.3	2002.3	2003.3（予）	2004.3（予）
営業利益	105,913	73,585	90,000	95,000
経常利益	80,728	48,889	68,000	73,000
純利益	38,527	11,311	37,000	40,000

ソニー

	2001.3	2002.3	2003.3（予）	2004.3（予）
営業利益	225,346	134,631	280,000	340,000
経常利益	265,868	92,775	310,000	330,000
純利益	16,754	15,310	180,000	170,000

●指標からの分析（2002.12.30現在）

	予想PER	PBR	予想ROE	予想経常利益伸び率
シャープ	33.8倍	1.35倍	4.10%	39%
ソニー	25.4倍	1.9倍	7.60%	234%

●チャート

シャープ

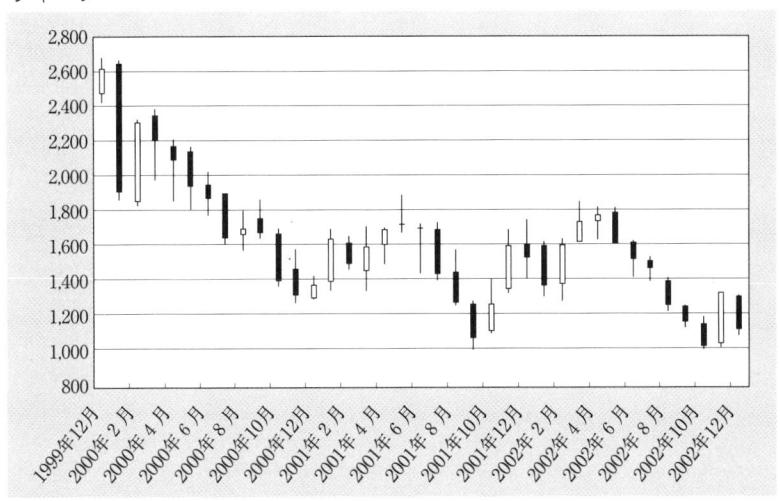

ソニー

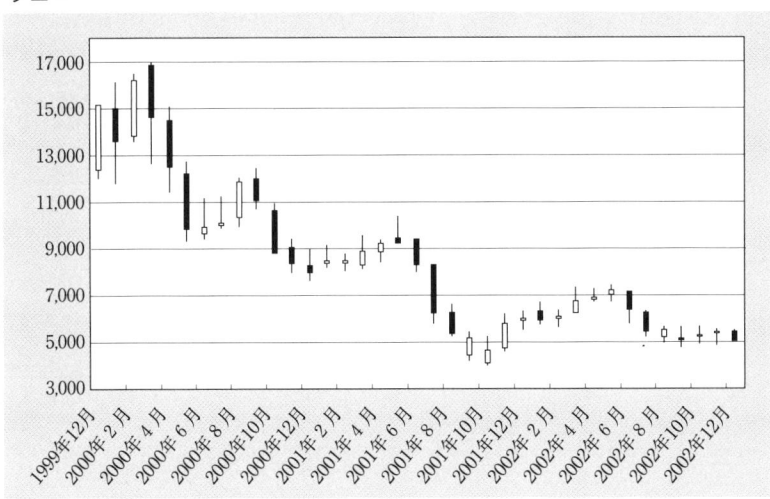

もうみなさんはどの銘柄を買うか決まりましたか？　それでは、3人がどのように考えて銘柄を決めたのかを見てみましょう。
　そして、1週間後の銘柄選択会議……。
- みんな銘柄選んできたやんな？　勤は何にしたん？
- 僕はトヨタ自動車（7203）だよ。彩さんは？
- 私は花王（4452）よ。選ぶのなかなか難しかったわ。
- おれはな、シャープ（6753）やで。
- じゃあ、みんなの資料見てみましょうよ。
- おう、それじゃあ、まず勤から資料配って簡単な説明を頼むわ！
　　（157〜165ページの資料を参照）

——勤、トヨタの資料を配布。
- みんなも知っての通りトヨタは自動車販売台数世界3位で、今後もヨーロッパ・アメリカ・アジアでの売上が伸びると思われます。それに、財務状況もいたって健全だし、これほど素晴らしい企業はないでしょう。
- 次は彩ちゃんや。

——彩、花王の資料を配布。
- えっと、花王は化粧品などを扱っている会社よ。乾燥肌の私には、花王の『キュレル』がとっても合うの。他に生活用品なんかも扱っているのよ。なんで選んだかって言うと、身近な会社だし、業績も伸びているからかな。
- 最後にオレの番か。

——遊太、呆れ顔の2人に資料配布。
- なんで選んだかっていうとやな、シャープは去年の業績があんま良くなかったんやけど、今年（2002年）10月発表の中間決算では回復傾向にあんねん。しかも、これからの経済の流れから言って、液晶テレビとか携帯電話の販売台数がさらに伸びると思わんか？　だから、選んだんや。

- それじゃあ、3人の意見が出揃ったところで、それぞれ検討して詳しく

話し合いましょうよ。

🗣 ほな、勤推奨のトヨタから行ってみよか。

トヨタ　～ファンダメンタル分析～

🗣 じゃあ、まずは業績から行きます。**トヨタは前期と比べて、売上・営業利益・経常利益・当期利益の全てが伸びています。**『四季報』によると、北米・アジアの生産・販売が大幅に増え、しかもヨーロッパ市場についても上半期は黒字だったようです。しかも最高益ですよ、最高益！！03年度北米・ヨーロッパは堅調な伸びを見込んでいて増益予想を出しています。しかも、みなさん知っての通りトヨタは日本を代表する優良企業ですよね。

🗣 最高益か、さすがトヨタって感じやな。

🗣 日産と比べると、予想PERは13.8倍で割高だけど、PBRは1.55倍でこれだけ見ると割安なんです。さらに、経常利益の伸び率も20％近くあって順調ですよね。

🗣 勤くんも言ってるけど、**予想PERで見たら日産自動車の方が割安なのに、PBRで見るとトヨタ自動車の方が割安なのね。どっちを優先させて考えればいいのかしら……？**

🗣 どっちか一方を優先させなあかんてことはないで。

🗣 そっか。いろいろな指標を総合的に見なきゃいけないんだもんね。

🗣 でも、トヨタと日産の予想PERにかなり差があんねんなぁ。

🗣 まあ、高いと言っても13.8倍ですからね。国際的には、PER20～30倍で売買されるっていうのはよくある話みたいですよ。トヨタほど収益も上がっていて安定性がある企業なら予想PER13.8倍っていう数値は、そんなに問題ないと思ったんですよ。しかも、日産よりトヨタの株主資本比率の方が高いですからね。結果としてはトヨタの方がいいと思ったんです。最初に買う銘柄は安定性のある銘柄の方が失敗しなくて済みそうですし……。

🗣 **日産の株主資本比率がトヨタと比べて低いのはどうして？**

🗣 日産って、以前に借金まみれになった時期があったやんな？　それと関

係あるんちゃうか？　借金多いと株主資本比率って下がるやんか。な、勤？

🧑 その通りです。ゴーンさんが来る前の日産はひどい状況でしたからね。ちなみに、トヨタは実質的に無借金経営です。なんせ有利子負債より利益剰余金の方が上回っていますから。

👧 ねぇ、勤くん!!「実質的に無借金経営」ってどういうことなの？

🧑 よくぞ聞いてくださいました。実質的に無借金経営っていうのは、有利子負債よりも利益剰余金・現金同等物（現金と預金のこと）・株主資本の3つを足したものが多いってことなんですよ。つまり、仮に借金を一度に全て返済したとしても手元にはお金が残るってことを意味しているんです。

～実質的無借金経営とは～

有利子負債　＜　現金同等物　＋　株主資本

＊株主資本＝資本金＋資本準備金＋利益準備金＋利益剰余金

👧 なるほどね、わかったわ。ところでゴーンさんってそんなにすごいの？

👨 日産はフランスのルノーと提携していてゴーンはそこから来たんや。彼はトップダウンの経営改革を進めてるらしいで。

👧 へぇ～、でも改革が進んでいるんだったら、むしろ日産もいいんじゃないかしら？

🧑 でも、ゴーンさんが社長に就任してからずいぶん時間が経ってますよね。たしか社長就任は2000年だった気がします。

👧 そんなに前だったら、改革の期待っていうのは株価に織り込み済みってことね。では、他の数値はどうかしら？

👨 そうや、**ROEはどうなん？　この表見てるとトヨタの方が低いんちゃうか？**

🧑 一見すると日産の予想ROEがずば抜けていいんですけど、これは株主資本が他社と比べて低いからだと思うんです。だって、

ROE＝税引き利益÷株主資本×100

ですよね。つまり、他社より株主資本が少なければその分ROEは高く

なるっていう仕組みなんですね。
- なるほど〜。すごいね、勤くん。
- それだけで全部説明できるんか？　だって、2倍以上の差があるで？
- たしかに、日産の利益効率も上がっているんですが、それでトヨタがダメってことにはならないと思いますよ。今のROEが仮に低かったとしても将来的に利益成長が予想できれば買っていいと思います。
- （あえて質問してみたんやけど、こいつわかっとるなぁ）

	予想PER	PBR	予想ROE	予想経常利益伸び率
トヨタ	13.8倍	1.55倍	11.10%	19%
日　産	8.5倍	2.58倍	29.40%	59%

- じゃあ、**トヨタの方が将来性があるのかしら？**
- 僕はそう思いますよ、彩さん。トヨタの方がハイブリッド技術などで進んでいますからね。今後とも世界の市場をリードして、いずれは販売台数でフォード、ゼネラルモーターズ（GM）を抜き世界トップの自動車メーカーになってくれますよ。
- たしかにトヨタの販売台数は日産よりかなり多いもんなぁ。
- そうです。2001年の世界の年間販売台数を見ると、トヨタは584万台なのに対して、日産は259万台なんですよ。
- トヨタは2倍以上の販売台数を誇ってるのね。ほんとに勤くんの言うとおり"世界のトヨタ"っていっても過言じゃないかもしれないわね。
- でも、**予想経常益伸び率を見るとやっぱり日産の方が良さそうやで**。トヨタ19％なのに対して、日産59％で3倍近くあるもんな。
- でも、実際に59％も経常益を伸ばすことってなかなか難しいですよね。もし達成できなかったら、逆に市場心理からして株価は明らかに下がってしまいますからね。
- そうよね、いくら業績予想が良くても、それは予想に過ぎないものね。実現できるかが大事だわ。
- 予想だからって、そんなに簡単に実現できないって断定してまうのは早

すぎちゃうか？　実際に2001年から2002年にかけては46％の伸び率を達成してるわけやし……。

🧑 しかし、2001年から2002年にかけては予想の伸び率より少し下回っているんですよ。だから、少し心配だったんです。それに、売上を見てください。トヨタは着実に売上を伸ばしているのに対して日産はあまり変わってないんです。日産の経常益が伸びているのはリストラによるコスト削減ではないでしょうか。だから今後も利益が伸びるとは限りませんよ。

🧑 なるほどな。よう調べてきとるなぁ。

🧑 トヨタの財務状況・業績については、だいぶわかってもらえたでしょうか？

●売上高比較（単位：百万円）

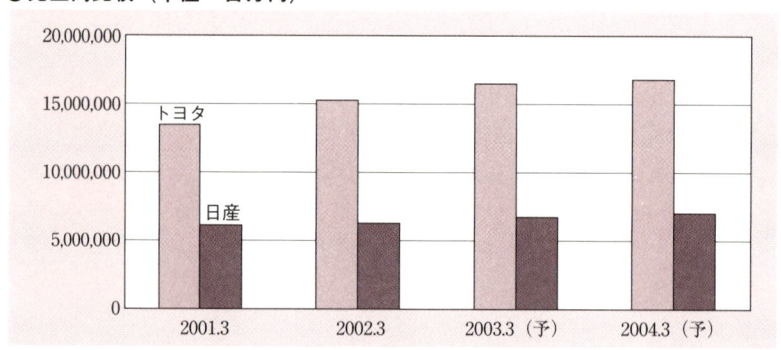

[グラフ：2001.3、2002.3、2003.3（予）、2004.3（予）のトヨタと日産の売上高比較]

🧑 おう、悪くないと思うで。

🧑 **日産みたいな同業他社と比べて議論するといいみたいね。**

トヨタ　〜テクニカル分析〜

🧑 では、次にチャートについての説明もさせてもらいます。チャートは配ってありますよね？

🧑 おう、あるで〜。

🧑 ここ4カ月は上昇中なのね。

🧑 そうなんです。そしてこのチャートを見る限り、2001年の9月と2002年

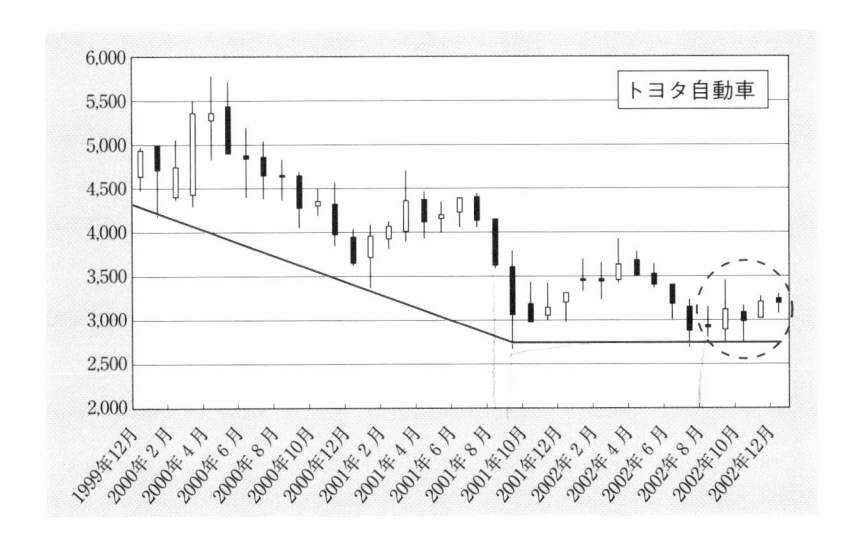

```
6,000
5,500                              トヨタ自動車
5,000
4,500
4,000
3,500
3,000
2,500
2,000
1999年12月 2000年2月 2000年4月 2000年6月 2000年8月 2000年10月 2000年12月 2001年2月 2001年4月 2001年6月 2001年8月 2001年10月 2001年12月 2002年2月 2002年4月 2002年6月 2002年8月 2002年10月 2002年12月
```

8月のところで、2,700円辺りに下値の支持線があるんですよ。

そやなぁ。今は、その支持線から反発して上昇中ってことやな。

でも、ここからどうなるのかしら？　なんか2000年くらいから見てみると、全体的に下降トレンドになってるようにも見えるんだけど……。

たしかに、下降トレンドにありますが、それはあまり気にしなくてもいいと思いますよ。日経平均を見ると、やはり2000年から下がってきていますからね。

ほな、この下降トレンドはトヨタに限ったことじゃないってことやな。

たしかに、トヨタの株価って、ほとんど日経平均と同じ動きをしてるわねぇ。ということは、今後トヨタの株価がどうなるかは日経平均次第とも言えるのね。

まあ、自動車産業って日本の中心産業やからな。しかもトヨタは日本を代表する企業や。当然やな。

日銀短観でいい数値が出ていますし、景気上昇に対する期待も膨らんできています。しかも、トヨタに関しては自社株買いの実施や銀行の持ち合い解消による売り圧力の弱まり、北米での銀行業への参入による販売チャネル強化、アメリカの消費動向の堅調さもあり、2000年からの上値抵抗線を突破することが期待できると思いますよ。

トヨタ・日経平均連動図

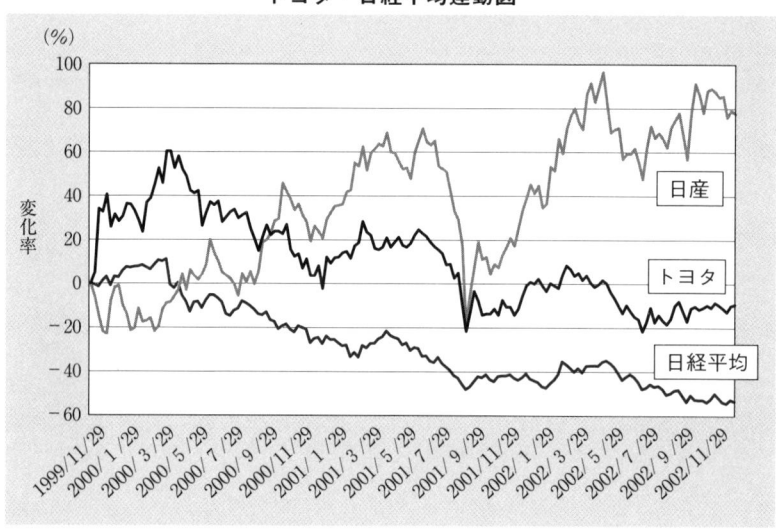

- なるほど。日産のチャートはどうなんや？
- えーっと、これですね。
- あら？　日産は、日経平均と全然違った動きをしているのね。
- ほんまやなぁ。おそらく借金まみれやったから日経平均が良くても、株

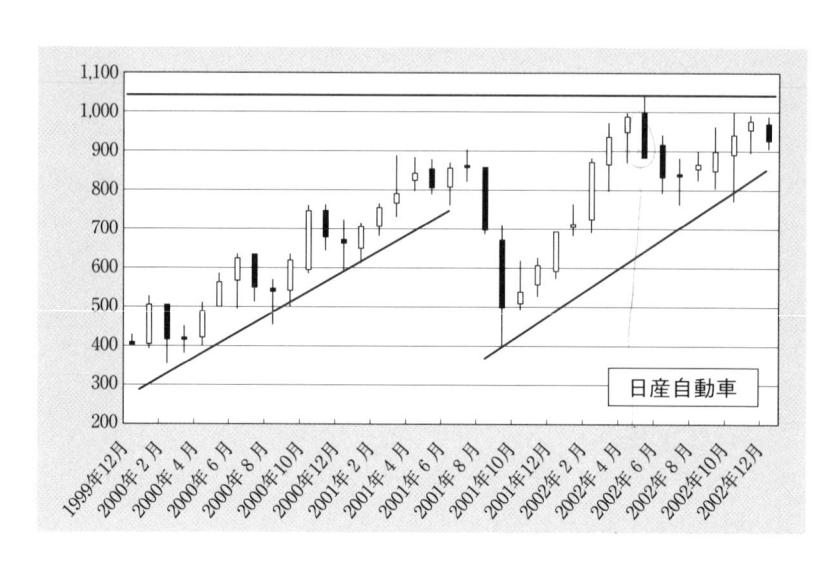

- 価が上がらんかったのちゃうか。
- 遊太くんの言う通りでしょうね。
- 以前株価が低かったってことは、段々と株価が上がってくるってことよね。確かに、上昇トレンドになってるように見えるわ。
- でも、2002年5月にここ数年の最高値の1,024円を記録してからは下がってしまっていますよね。そこから少しずつ上がってきてはいるんですが、1,000円の壁を越えられないでいますよね。このチャートだともう少し様子を見た方がいいでしょうね。
- 1,000円の攻防戦か。どうなるんやろな？　今、買うのは危険かもしれんな。
- そうね、そう考えるとトヨタの方がいいわね。
- トヨタの説明はこんな感じでしょうか。
- よくわかったわ。ありがとう、勤くん。

花王　～ファンダメンタル分析～

- ほな、次の銘柄に行きまっか。次は彩か？
- よし、私の番ね。ズバリ花王を買おう！　なんちゃって。
- （あれ、彩さんってそんなキャラでしたか……。遊太くんのが感染したのかも……）
- ……。まあ、とりあえず、説明頼むわ。
- 私のよく使う化粧品のブランドで『ソフィーナ』っていうのがあるんだけど、あなたたち2人は知らないわよね。実は、それが花王の製品なのよ。あなたたちが知っているのだと、『ビオレ』（洗顔料の製品名）くらいかしらね。
- （急に強気になってきたんとちゃうか……）それなら知っとるわ。あと確か『エコナ』（食用油）も花王やんな？　あれは、最近の健康ブームで結構売れてるみたいやで。
- よく知ってるわね、あまり健康とか似合わないのに……。業績についてまず説明するわ。私も調べていてびっくりしたんだけど、なんと**21期連続で経常利益が伸びてる**のよ。すばらしい業績でしょう？

🧑 たしかに業績に関しては文句のつけようがないですね。ただ、伸び率があまりたいしたことないように思えるんですが……。つまり、**今後の将来性は期待できるのかっていうことなんですけど……**。

👨 そうやな、増益といってもほんと微妙なもんやし、もう市場も飽和しとるんとちゃうんか？　ほら経常利益伸び率なんて１％切っているぞ。

👩 ふふん、花王は、ブランド力・マーケティング力がすごくて、市場開拓・新製品の開発もうまいんだから。そのいい例がさっき遊太くんが言っていた『エコナ』よ。それまで健康油市場なんてほとんどなかったのに、この製品の投入で食用油の20％も占める健康油市場を開拓したのよね。今後もこの『エコナ』は高付加価値製品として収益の柱になると思うの。

👨 それにしても、ほんと詳しいな。どこでそんな情報手に入れたん？

👩 ふふふっ、会社のHPを調べていたらのっていたわ。花王はIRも消費者への情報提供もすぐれているわ。投資家や消費者を大切にする、そんな花王だからこそ健康を求める消費者の声にいち早く反応したと言えるんじゃないかしら。今後もそのような製品開発を期待したいわよね。花王には、まだまだ製品開発力の他にも将来性を期待できる要素があるわ。えっと、この表を見てくれる？

	売上（単位：億円）			営業利益（単位：億円）		
	当期	前期	伸長率	当期	前期	伸長率
日　本	6,481	6,554	−1.11%	951	943	8%
アジア	934	841	11.10%	83	68	15%
欧　米	1,228	1,052	16.70%	78	59	19%

🧑 海外での売上高の伸び率が国内に比べるとすごいですね。

👨 そやな、海外への展開も期待できるわけか。なるほどな。

👩 そうそう、日本における花王の家庭用品の優位は変わらないと思うし、これからは海外への本格的展開があると思うの。女が美しさを求めるのはどの国でも変わらないからね（うっとり）。ただでさえ、今後中国の市場拡大が見込まれるのだから、花王の力を持ってすれば中国でもっと

第5章　銘柄選択のリアル

利益を上げるのは目に見えるわね。ふふふ。
- 男も女性が美しくなるのは大歓迎やで〜。
- そういう意味で言ったんじゃないわよ。
- わかっとるがな……。花王に将来性があるのはわかったが、指標とかはどうなんや？

	予想PER	PBR	予想ROE	予想経常利益伸び率
花　王	24.8倍	3.34倍	14.20%	0.4%
資生堂	26.2倍	1.89倍	7.30%	156%

- **PBRがちょっと高くないですか？**　化粧品会社ライバルの資生堂が1.89倍であるのに対して、花王は3.34倍とかなり高い気がするのですが。
- それは確かに割高よね。でも、予想PERは資生堂とほぼ同じで25倍くらいだし、そこまで割高とも言えないわ。**とくに、私が見たのは予想ROEなの**。これを見てくれる？　この数値はかなりいいと思うの。ちょっと伸びが止まったように見えるけど、さっきも言ったようにまだまだ花王には将来性があるし、今後もROEが高くなっていくと思うわ。資生堂は前期・前々期と赤字だったし、初めて買うには怖いのよね。それだったら、業績も安定して伸びている花王の方がいいと思うの。
- 花王に関しては、業績・指標などは全然問題ないみたいやな。ってか、むしろ良いな。

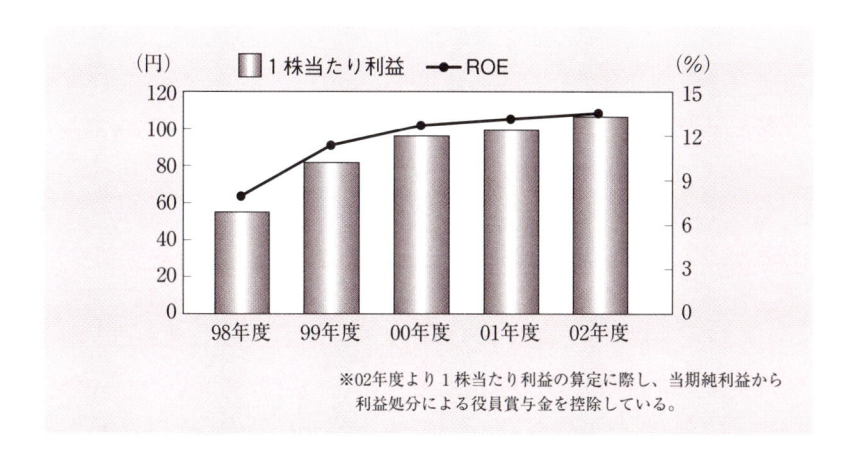

※02年度より1株当たり利益の算定に際し、当期純利益から利益処分による役員賞与金を控除している。

配当金

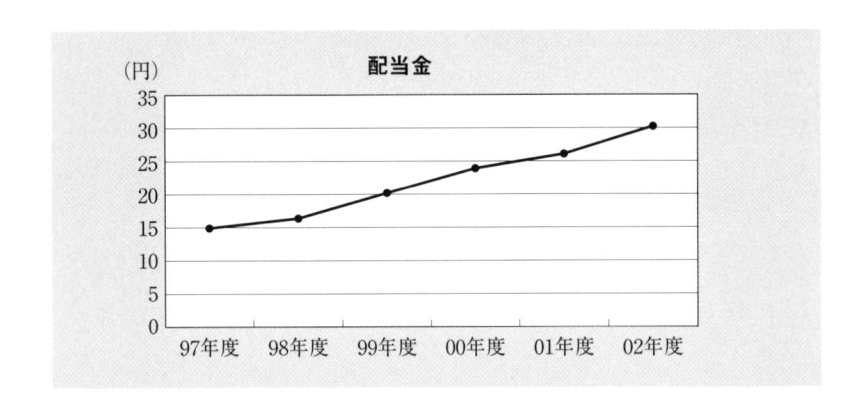

(円)

| 年度 | 97 | 98 | 99 | 00 | 01 | 02 |

- あとね、花王は毎年のように増配していて、株主にきっちり利益還元するっていう姿勢も嬉しいのよね。
- たしかにここ5年で配当が倍くらいになっていますね。ほんとに株主を大切にしている企業と言えますね。
- たしかに配当は増えているよな。でも、株価が下がってそれ以上に損する可能性もあるよな。肝心の株価はどうなのよ？ やっぱりキャピタルボインが重要でしょ。男だったら一度はボインを夢見る……。
- ほんとそのネタが好きなのね。それって、私に対するイヤミ？
- まあまあ。怒らずに、チャートを見てみましょう。

花王　～テクニカル分析～

- 2002年の2月辺りに2,400円のところに支持線があるでしょ？ そこで反発しているし、こんなに業績いいのにこれはちょっと下がりすぎだと思うのよ。あとは海外展開とかがはっきりすれば、株価も上昇してくるのではないかと思うのよね。どう？
- たしかに、2,500円を切ったところで反発しているし、前回高値の3,000円くらいまで上がってもおかしくないかもしれませんね。
- これもまた、トヨタと同じような下降トレンドを描いとるな。その点資生堂はどうなん？
- 資生堂のチャートを見ると、2002年の1年間で約40％近くも上昇してい

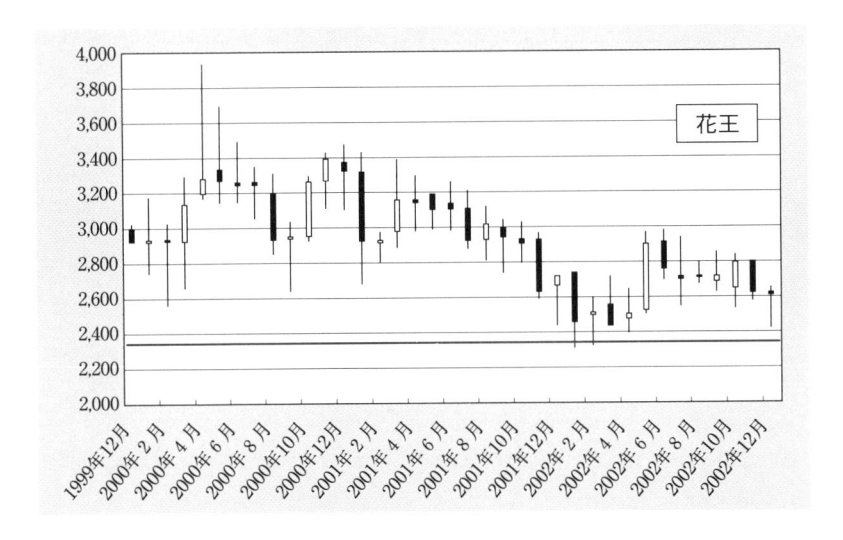

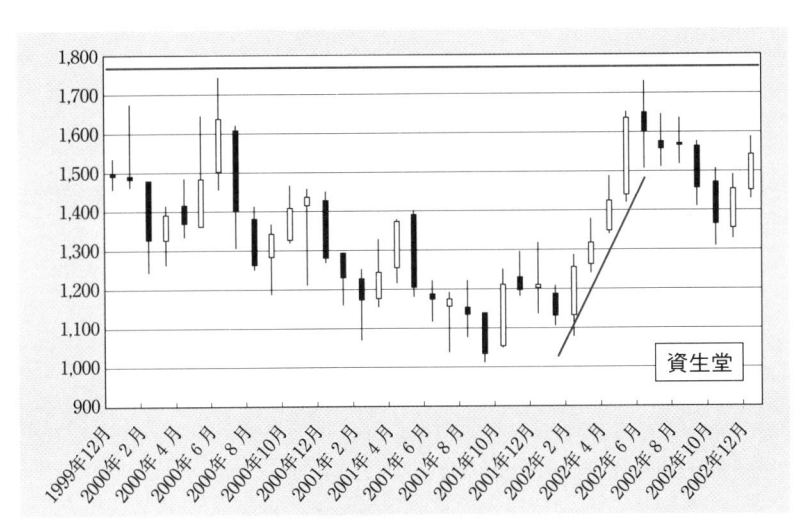

るのね。資生堂は2001年に大幅な赤字を出し、2002年も前年の半分の赤字を出したの。でも、今後の収益に黒字の見通しが立ったこともあり、これで悪材料は全部出し切ったと判断され、株価が上昇したと思うの。ということはもう既に資生堂の株価に回復期待が織り込まれていると言えるのよね。

🙂 なるほど、ここで資生堂を買うのは得策でないということですね。

- 資生堂を買うのなら、2002年6月につけた前回高値の1,695円を越えられるか見極めるべきやんな。
- そう、その点、花王は2,400円のところに支持線があって下値の不安も少ないと言えるし、これから上昇していく余地が大きいと思うの。
- たしかに、リスクは限定的と言えるかもしれんな。ただ2,400円のラインを簡単に割れてしまうようなら、底がわからんから怖いなぁ。
- たしかにそうよね。
- 株はできるだけ小さく負けて、大きく勝てばいいってことですね。まさにこれは人生に通用するかもしれない格言ですね。
- 花王はしっかり支持線を守れば、伸びていくはずよ。だから花王を買おう！！

シャープ　～ファンダメンタル分析～

- おまえはそのネタしかあらへんねんな～。まあ、花王はこんなところやな。そいじゃ、俺のシャープの出番やね。ついにこのときが来たで～。
- はりきってるわねえ。遊太くん、よろしく。
- ほな、業績から説明していくで。
- どうぞ～。
- 実はな、シャープの2001年度の業績はあんまり良くなかったんや。全体の売上高が2000年度と比べて、10.4％も下がってしまってんねん。とくに、国内の売上げが良くなくて、2000年度比で14.4％もダウンしとって、海外売上でも5％下がってるねん。ま、売上も下がってるから、当然経常利益も純利益も全部下がってんねんけどな。
- なんで、そんな銘柄選んできたんですか？　では、トヨタで決まりですかね、ふう。
- あら、花王だっていいわよ。
- オレにも説明させんかい！！
- あ、ごめんなさい。
- さっきも言った通り、確かに2001年度の業績は下がっとるけど、2002年10月、つまりつい最近発表された今年度の中間決算を見てくれや。

- あら、上がってきてるじゃない。
- そうやねん。売上高からして前年同期比で107.8％、経常利益なんかすごいで〜、前年同期比で21.3％アップやぞ。これが何を意味してるかわかるやろ、勤？
- もちろんですよ。業績が前期より回復してきてるって言いたいんですよね？
- その通りや。すごいやろ？ しかも、『四季報』を見てくれればわかると思うねんけど、経常利益の伸びの予想もなかなかのもんやで。この予想も、**発表された中間決算の調子で行けば達成の見込みは十分ある**と言えるわな。つまり、このまま業績が回復してくれば、そのぶん株価に反映されるってことや。これでウハウハやで〜。
- シャープって基本的には何を売ってるのかしら？ 電気製品って言ってもいろいろあるじゃない。
- シャープの主力商品としては、まずは液晶カラーテレビやな。これが業績を牽引しとんのや。液晶テレビ出荷台数年率48％成長予想。家庭用テレビの液晶パネル世界で6割のシェア。どうだ、すごいやろ！！
- うっ、確かに突っ込みどころがない……。
- あ、あと携帯電話もなかなか有名やで。ドコモの携帯でカメラ付きなんが発売されてるのは、知ってるやろ？
- 知ってるわよ、私もカメラ付き携帯電話にしたんだから。
- えっ、彩さん、もうカメラ付きの携帯電話買ったんですか？ いいですねぇ。
- いや、お前遅れとるなぁ。学生ならもう結構持っとるで。携帯って新しい機能が付いたら買い換えるもんやし、おそらくカメラ付き携帯電話はこれからもまだまだ需要が増えてくると思うねん。
- 確かに、カメラ付き携帯電話ってほんと便利よ。ほらほら、うちの犬の写真！ あ、株レラ先生も撮っておけばよかったわ。
- 携帯電話が強くて筋肉質になりそうですね、ははは……。
- しかも、ドコモだけじゃないねんで。イギリスのボーダフォンにも納入するっていう話を聞いたで。この分野はまだまだ収益が上がると思うわ。それにカメラだけじゃなくて液晶画面もシャープの携帯の売りなんや。

つまりテレビも含め、シャープには世界トップレベルの液晶の技術があるんやな。

👩 へぇ〜、シャープって**すごい技術力**を持ってる会社なんだね。じゃあ将来性は問題ないわ。

🧑 そうみたいですね。なんか悔しいですね。

👱 じゃあ、次は財務面の説明や。

👩 うん。よろしく。

👱 まずは予想PER、これは33.8倍やな。同じ電機業界の中で比べると、高くもなく低くもなくって感じやな。んで、PBRは1.35倍。これもPER同様、同業他社と比べてとくに高いわけでもなく低いわけでもない。例えば、ソニーやと予想PERが25.4倍で、PBRが1.9倍となってる。トヨタと日産を比べてたときみたいになんねん。つまり、PERを重視すればソニーが割安、逆にPBRを重視すればシャープが割安。だからってわけじゃないねんけど、シャープがとくにメチャクチャ悪いわけじゃないから、それぞれの指標の細かい差はそこまで深く考えんことにしたわ。そうせんと、銘柄決められへんやろ。それよか、オレが押したいのは**事業の将来性**や！！

	予想PER	PBR	予想ROE	予想経常利益伸び率
シャープ	33.8倍	1.35倍	4.10%	39%
ソニー	25.4倍	1.9倍	7.60%	234%

🧑 そうなんですよね。それぞれの指標で結構違ってきますよね。僕も悩んだんですよ。

👩 やっぱり**総合的に判断する**しかないのよね。

👱 ほな、次の指標行ってみよか。ということでシャープのROEは4.1%や。

🧑 いや……。それだけ言われても……。同業他社はどうなんですか？

👩 ソニーの方が7.6%で高いわよ？　なんかシャープの2倍くらいあるわ。

👱 それはオレも気になってん。で、調べてみたらソニーの場合、株主資本比率がシャープと比べて低かったんや。たしか半分くらいやったかな。

🧑 日産のROEが高かったのと同じ論理ですね。

- そういうことや。だから、必ずしもソニーのROEが高いからっていいとは言い切れないと思うねん。それに、シャープのROEだって低いわけちゃうしな。
- そうね。この数値を見ても、シャープがとくに悪いとは思えないわ。
- あっ、だけどソニーの予想経常利益伸び率がすごくいいですよ。
- それは、前期にリストラの経費がかさんで利益が落ちたことが原因や。その分、相対的に今期は伸びたように見えるだけやから気にせんでええよ。
- なるほど、そういうことなんですね。
- ほな、次はチャートに行こか。

シャープ　〜テクニカル分析〜

- あれ？　せっかく2002年11月に底を打って上がってきたと思ったのに、最近また下がってきてませんか？
- 安心せい、大丈夫や。オレが考えるに、1,000円は割らん。
- ずいぶん自信あるわね。
- ふっふっふっ。今回の自信は、しっかりした根拠があるんやで〜。

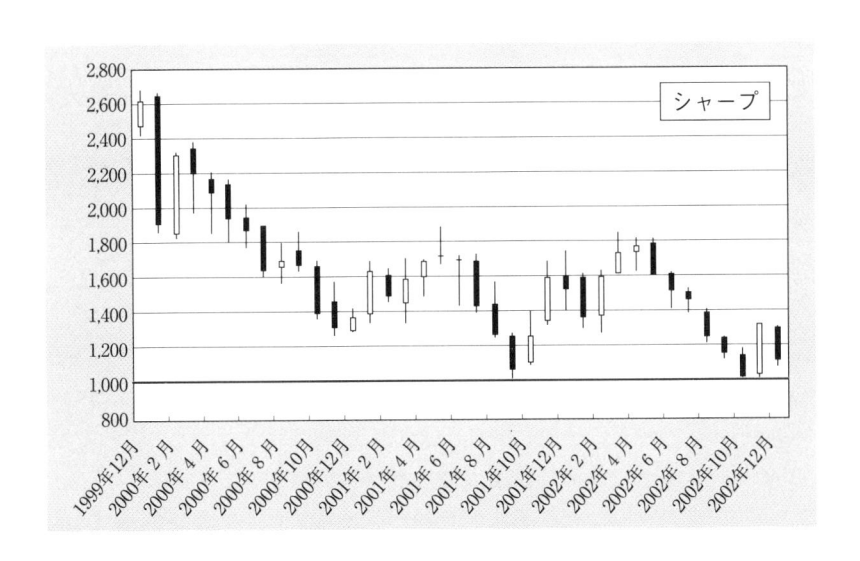

[ソニーの株価チャート 1999年12月〜2002年12月]

- 😀 その根拠とやらを聞かしてもらいましょうか。
- 😤 くっ、なんかイヤミな言い方やな……。ま、気を取り直していこか。まず、なんで1,000円を割らんかと言うとやな、2001年9月に一度1,000円割らずに反発、んで2002年11月にもう一度1,000円を割らずに反発しとる。つまり、1,000円のところに支持線があるっていうことや。この支持線はかなり固いラインやと思うで。わかるやろ？
- 👩 なるほどね。1,000円割らないっていうのはわかったわ。
- 😤 そして、ソニーのチャートをシャープと比べてみよ〜。ソニーは長期にわたって下降トレンドや。なんかこのまま下にずるずる下がっていく気がするな。今は手が出せん。
- 😀 遊太くんの言う通り、チャートを見れば、ソニーに手を出すより、シャープの方がよさそうですね。
- 😤 オレが命をかけて調べてきたのは、こんなもんやな。

三つ巴の銘柄選択

- 👩 なんかどれもいい銘柄に見えてきちゃうわね。
- 😀 そうですね。でも、とりあえずどれか1つに決めないといけませんね。

- そやな。ざっと見る限り、トヨタ・花王・シャープのどれも悪くないけど、この中からどれにするかがさらに問題や。
- この3銘柄って、**業界がまったく違うものだから、今後どの業界が上がっていくかも考えなくちゃいけないわね**。
- 彩さんの言うとおりですよ。大きな視点で経済を捉えていかなければいけないって株レラ先生がおっしゃっていましたよね。
- 最近のニュースで、経済に大きな影響を与えるもんゆうたら、やっぱアメリカがイラクに攻撃をするかどうかやろなぁ。おそらく輸出関連の企業は結構ダメージ出ると思うで。
- そうよね。アメリカのイラク攻撃が長期化すれば、経済への悪影響は大きくなるわよね。
- 最近の為替の動向としては、125円前後から119円くらいになってきていますね。やはり、**アメリカのイラク攻撃の懸念が円高を招いているん**ですね。
- そうや。そして、戦争が長期化すれば、さらに円高が進んでいくっちゅうことやな。
- 円高で有利なのは、たしか輸入業界だったわよね。ということは……。
- オレらが選んできた銘柄は、基本的に為替の影響を大きく受ける国際優良銘柄やろ？　その中でも、とくにトヨタなんかは、もろに円高の影響を受けてしまうんと違うか？　とくに、アメリカのイラク攻撃やねんから円とドルの関係が一番重要や。ヨーロッパのユーロの方がまだ反応は鈍いんとちゃう？
- たしかに、自動車業界そのものが海外需要、とくにアメリカなどに大きく依存していますからね。ん？　これじゃあ、トヨタが買えなくなっちゃうじゃないですか。
- まあまあ、落ち着いてよ。トヨタが為替の影響を大きく受けるって言うなら、それはシャープだって同じことが言えるんじゃないかしら。
- どっちが海外に大きく依存しているか？　これが問題やな。
- ええ、そういうことになりますね。
- ちなみに、シャープは2001年度の場合、全売上高のうち45％が海外向けやな。そいで全売上高に占める対アメリカ輸出は20％くらいってことやな。

シャープの地域別売上

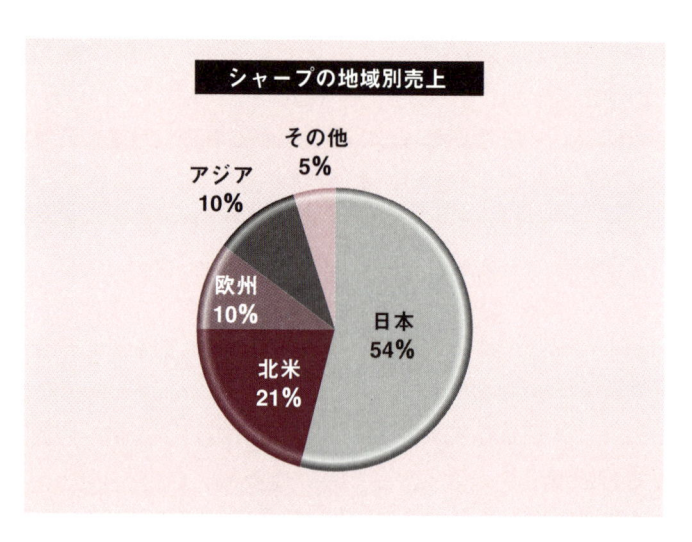

- その他 5%
- アジア 10%
- 欧州 10%
- 北米 21%
- 日本 54%

🙍 トヨタはどうなのかしら？

🙎 えー、トヨタの場合、全体の販売実績の60％弱が海外向けになっていますね。その中でも、アメリカに対するものは30％くらいですね。

🙍 ということは、やっぱりトヨタの方がアメリカへの輸出が多い、つまり為替の動きに敏感ってことになるのかしら……？

🧔 そういうことになるやろな。

🙎 うーん、仕方ないのかもしれませんね。諦めも肝心ですからね……。くっ……。

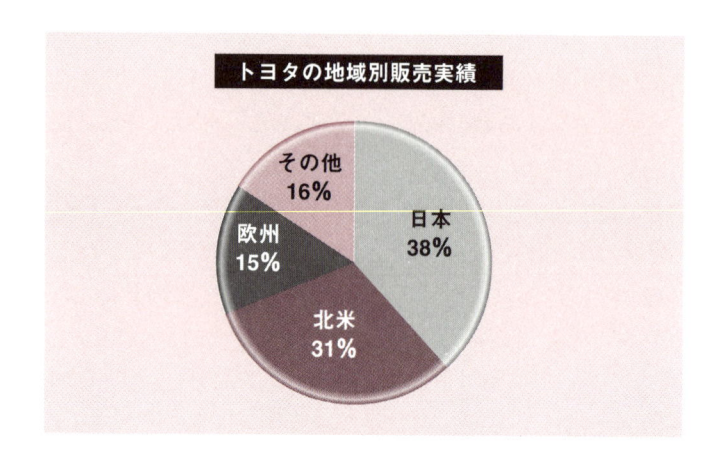

トヨタの地域別販売実績

- その他 16%
- 日本 38%
- 欧州 15%
- 北米 31%

- じゃあ、次はシャープと花王を比べてみましょうよ。
- シャープにしても、花王にしても、どちらも業績については問題なさそうですからね。気になると言えば、花王の成長性についてでしょうか。
- それは、さっきも言った通り問題ないと思うわよ。
- ええ、でもシャープと比べたときにどうかなって思うんです。化粧品・生活用品業界って安定した需要はあるけど、成長性はあまりないかなって。
- そやろ。オレも業界として花王とかの化粧品・生活用品業界よりはシャープとかの電機業界の方が見込みあると思うで〜。
- 僕も遊太くんと同じ意見ですが、決してマネしてるわけじゃありませんよ。
- わかったがな、ったく……。
- やはり、シャープが扱う液晶やカメラが付いた新型の携帯電話などの方が、今後の成長に期待が持てるんじゃないかって思いますよ。
- そやそや、その調子や。成長性の高いと思われる業種でシェアが大きいし、1,000億円投じた三重県亀山工場を2004年から稼動させるなど、設備投資に余念がないからシャープにはやっぱり期待大や。
- そっか。2つのうち、どっち？　って聞かれたらシャープの方がいいのかしらね。
- 結構レベルの高い争いになってますよね。では、ここでシャープと花王のチャートを見比べてみましょうよ。
- シャープは、さっき遊太くんが説明してくれた通り、下値の支持線に反発して、上がりだしたってとこだわね。
- それに比べて、花王の場合は……。うーん。2002年6月あたりで3,000円弱を記録してから、じりじり下がり続けてるんやな（177ページ参照）。
- そうですねぇ。シャープの方が下値の不安は少ないように見えますね。
- そやなぁ。花王はこのままどこまで下がっていくかわからんしなぁ。2002年の2月に2,300円の下値を記録してるから、そこまで下がってもおかしくはないわな。
- うーん、でも、たしかにそうね。ちょっと悔しいけれど、初購入の銘柄は、遊太くん推奨のシャープにしてみましょうか。

- そうですね。シャープを買ってみましょう。
- そうね。どうなるのかしら？ 楽しみだわ！！
- ようやく決定や。いやぁ、銘柄選ぶのもなかなかムズイわ。値上がりするとええなぁ。

これでようやく３人の買う銘柄が決定しました。
みなさんの銘柄選択のプロセスは、３人のものと比べてどうだったでしょうか？

それでは次のページ以降で、結果を確認してみましょう。

＜2003年12月のリアル＞

🧑‍🦰 私たちが買ったシャープは１年後どうなったのかしら？

🧑 下の表を見てください。参考までに、日経平均とシャープ、トヨタ、花王の2003年の間の値動きを表にしてみました。

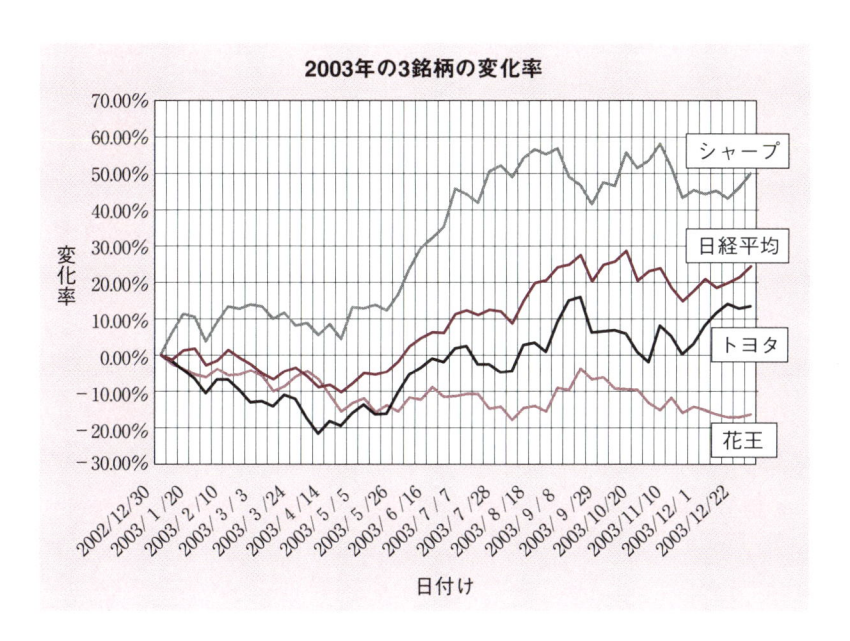

2003年の3銘柄の変化率

(グラフ：縦軸 変化率 -30.00%～70.00%、横軸 日付 2002/12/30～2003/12/22。シャープ、日経平均、トヨタ、花王の4本の線が描かれている。)

🧑‍🦰 わあ、ほんとシャープの伸び率がすごいわね。

🧑‍🦱 ほんまやな。１年間で50％も値上がりしてるで。オレの言った通りになったわけやな。

🧑 シャープだけじゃありませんよ。トヨタだって15％くらいは値上がりしてるんですからね。忘れないでくださいよ。

🧑‍🦰 残念なことに今年は花王の株価は下がってしまったのね……。業績は悪くないのにどうしてかしら？

🧑 花王に関しては、ライバルＰ＆Ｇの世界的な安売りでヘアケア製品のシェアが低下し、販売価格下落と販売促進費の増加が起きたんですよね。また、冷夏・長梅雨で衣料用洗剤・柔軟仕上げ剤や制汗剤の不振、原料

値上がりなどの状況で採算が悪化する中で、かろうじて増益確保してるって感じだったみたいですね。

- ということは、業績が単純に伸びているっていうことよりも、**どれだけ伸びているかっていう変化率**の方が大事だったっていうことね。
- 花王の結果を見るとそういうことが言えそうですね。やはり、株価を上昇させるための好材料になるためには伸び率が大きい方が効果的ですもんね。
- その通りやな。だから、花王に比べてシャープやトヨタの方が値上がりしたんや。業界としても電機業界や自動車業界の方が化粧品・生活用品業界よりは活気がありそうやもんなぁ。
- たしかにそうよね。単に業績が伸びているっていうだけじゃ不十分なのね。いい勉強になったわ。
- 残るトヨタとシャープを詳しく見てみませんか。この2つは円高懸念という共通項がありましたよね。
- イラク戦争のことやな。
- さっきの表を見ていると、シャープにしてもトヨタにしてもほとんど同じ5月に株価が上昇に転じているんですよ。
- ほんとだわ。何か関係あるのかしら？
- シャープとトヨタだけが同じってわけちゃうぞ。よく見てみるとわかるんやけど、日経平均も5月くらいから上がり始めてるぞ。
- ほんとですね。5月といえば一応イラク戦争が終結した頃ですよね。やはり、それによってある程度の懸念は払拭されたんでしょうか？
- そうじゃないかしらね。だって2003年の初めの頃ってイラク戦争がどれくらい続くのかっていう不安が市場に広がってたじゃない。
- そういえば、りそな銀行が国有化されたのも5月くらいやったよな？
- ええ、そうだったわ。
- 当時、りそな銀行が国有化されたことによって金融不安が解消されたっていう話を聞きましたよ。
- そうやな。それが起きたことによって、大手の銀行株は値上がりしてきとったからな。それと同時に日本経済への不安感が多少は払拭されたんちゃうか？

🧑 だから、5月に日経平均も上昇を始めたんですね。
👩 銀行株の値上がりっていうのは経済全体に大きな影響を与えるからなぁ（第3章参照）。
👩 それじゃあ、何でシャープの方がトヨタより大きく値上がりしたのかしら？　だって、シャープにしてもトヨタにしても、今まで話してきた条件は同じはずでしょう？

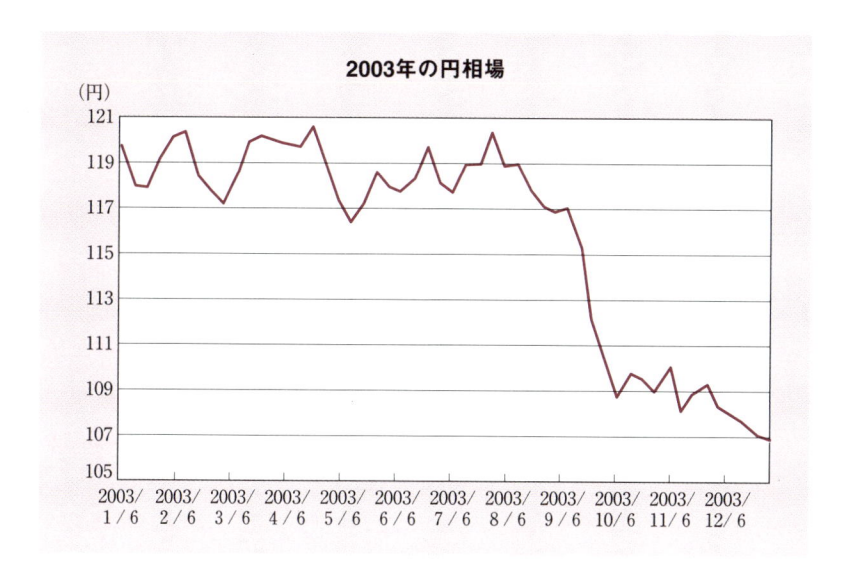

2003年の円相場

（円）縦軸：105〜121

横軸：2003/1/6 〜 2003/12/6

👩 やっぱイラク情勢が不安定なことが影響してるんちゃうか？　一応戦争が終わったとはいえ、情勢不安の長期化っていう懸念はアメリカを中心に日本、さらにはヨーロッパの自動車需要を抑制したっていう話やぞ。しかも、為替相場で1円円高になったとき、シャープは1億円の減益で済むのにトヨタは200億円も減益してしまうんや。上の図を見たらかなり円高が進んでるやろ？
🧑 だからトヨタの伸び率がシャープと比べて小さくなってしまったんでしょうね。
👩 そういうことね。
👩 投資ってすごい深いとこまで考えなあかんねんな。めっちゃ勉強になるわぁ。

🧑 データに裏付けられた数値！ そして、それを正確に分析する能力！ これからの日本、さらには世界の大きな流れを見抜く洞察力！ これらは、すべて投資を成功させるために必要なものですね。

👩 そうね、勤くんの言う通りだわ。私も、あの講義を受講して少しはそういった力が身に付いたかも。次こそは絶対に上がる銘柄を探したいわ。

🧑 今回シャープを選んだみたいに銘柄を比較しつつ、絞っていけばいいんやろな。そうすると、勤が言ったような力が絶対必要になるよなぁ。でも、だいぶ銘柄選びのポイントがわかったで。

🧑 そうですね。あとは、どんどん投資していって経験値を増やしていけば、投資をする際にもっと的確な判断ができるようになるでしょうね。

👩 私、株式を勉強してみて良かったわ。最初の頃は「自分が投資するの？」なんていう感じで、少し不安だったけど、今ではちゃんと自分の目で細かくデータを見ていけば、必ず良い銘柄に出会える気がするわ。

🧑 ほんまやな。やっぱ、株式投資の醍醐味っていうのは実際にやってみないとわからんよな。

🧑 本当にいい講義でした。先生方に感謝しなければなりませんね。

👩 これからも投資を続けていくことが先生方への恩返しになるかしらね。

🧑 我らが先生たちよ、どうもありがとな〜。

第6章　負けない投資法

　この章ではまとめとして、株式投資において気を付けるべき7つの点を改めて指摘しておきたいと思います。なぜ「儲けるための鉄則」「これだけ知っておけば成功する」というようなタイトルを避け、一見弱気にも見える「負けない投資法」という言葉を選んだのか。それは株式投資で利益を上げることがそんなに簡単な、軽いことではないからです。巷にはよく前者のような人目を惹くタイトルの本がありますが、簡単に儲けられるならすでに日本で株は大流行でしょうし、簡単に儲けられると信じて儲けが出なかったときまたは少なかったとき、そこには無用な焦りが生じて投資家をさらに失敗へと導いてしまいます。そこで「株式投資において大きく勝つことは少ないが、小さな勝ちを積み重ねて成功する方法」という意味を込めて、あえて「負けない投資法」を紹介させてもらいます。以下を読んでいただき、これから始まる投資家ライフの参考にしていただければと思います。

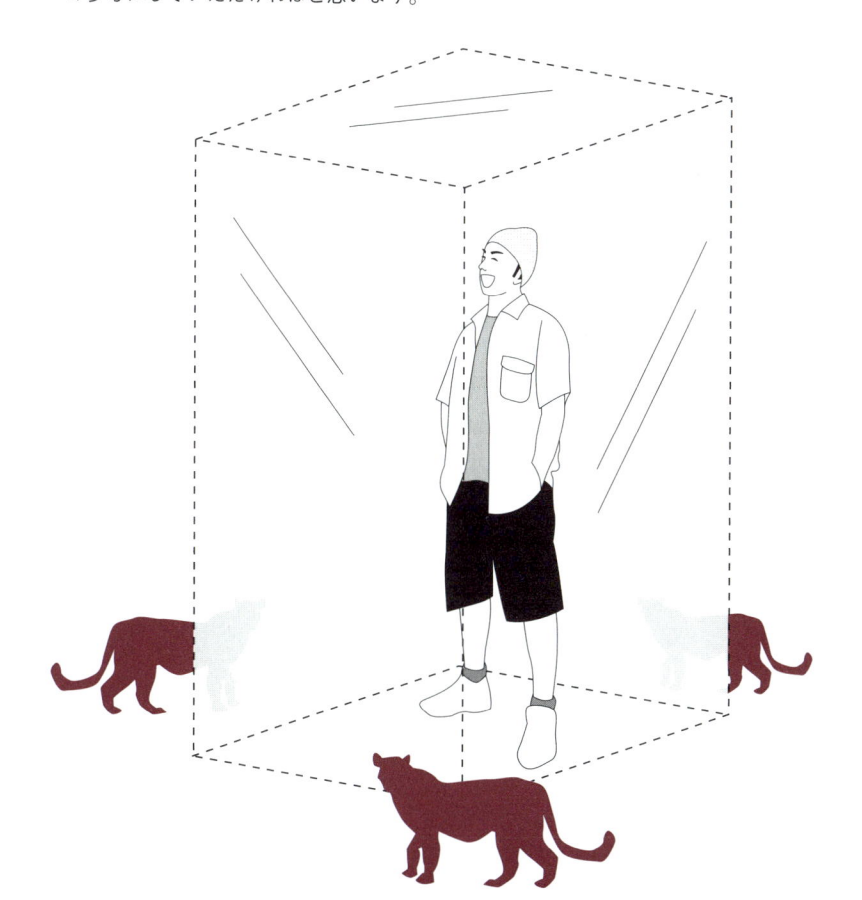

負けない投資法7原則

1．身近な銘柄を選ぶ

2．ファンダメンタルを重視する

3．分散投資をする

4．ルールを作る

5．あくまで余ったお金で

6．日々の情報に敏感に

7．自ら考えて投資をしよう

1．身近な銘柄を選ぶ

　最初は自分にとって身近な企業に投資しましょう。
　自分にとって身近な企業の方が親近感が湧き投資意欲につながるし、その企業に関連するニュース、例えば新商品の発売が、株価や業績にどのような影響を与えるかわかりやすいはずです（男性はあまり新発売の化粧品とか言われてもピンときませんよね）。

〈例〉・誰しも生活と切り離せないコンビニ・スーパーなどの小売業界
　　　・免許を持っていたり、自動車にちょっとでも詳しいなら自動車業界
　　　・ゲームが好き、はまりやすいならゲームソフト業界

2．ファンダメンタルを重視する

　第2章にあったように、銘柄の分析にはファンダメンタル分析とテクニカル分析があります。そして市場における投資家は大まかに、この2つのどちらを重視するかでその投資スタンスを区別することができます。ではなぜファンダメンタル、つまり企業の業績や決算を重視するほうがよいのでしょうか。それはそのほうが数字の裏付けがあり、安全な銘柄を選ぶことができるからです。いくらテクニカルにチャートを分析し、株価の流れが良いからと言ってその会社が倒産してしまえばそれまでです（自分が投資したお金は返ってきません）。また、将来性や成長性により株価が動くという本来の仕組みからすれば、安定的に株価が上昇するのはファンダメンタル重視の分析によって選ばれた銘柄です。テクニカル重視の投資家はたいてい投機的志向を持っており、そういう人たちと同じ分析をして選んだ銘柄は株価の動きが激しいことがあるので注意しましょう。投資は自己責任です。きちんと財務体質の安定した銘柄を選びましょう（ただ本書に挙げたテクニカル分析については最低限必要なものなので、これを怠ることは株価の流れを無視することになりかねません）。

3．分散投資をする

　分散投資とは、同じ業種内の複数の企業に投資をするのではなく、さまざまな業種の企業に投資をすることです。なぜこの方がいいのかというと、同業種だとどうしても株価の動きが似通ってしまうからです（同じニュースや経済状況の変化に株価が反応してしまう）。その業種が好調なときはいいのですが、不調な場合、大きく損失を出してしまうというリスクが当然付いてくるので、賢い投資方法とは言えません。投資している企業が他業種にわたっていると、一方が株価を下げていても、他方が上がっていれば損失を補う、または帳消しにしてくれます。損失を避ける、または少なくするためには分散投資がよいでしょう。

4．ルールを作る

　第1章でも述べましたが、いったん株価が上がりだすと投資家は「もっと上がるんじゃないか」という淡い期待を抱いてしまいがちです。が、実際そんなにうまくはいきません。それどころか株価が買値に戻ったり、それ以下になってしまってはどうしようもありません。しっかり「買値の〜％の利益が出たら売ろう」という決まりごとを作って利益を確定させておいたほうがいいでしょう。一方、株価がズルズル下がっていても「いやここから反発して上がるはず」という思い込みからなかなか売却できなくなり、結局大きな損を出してしまうことがあります。利益確定の場合と同様に「買値の〜％の損が出たら売ろう」というルールも作りましょう。またそのルールにしたがうことで短期・長期といった期間に縛られた投資をする必要がなくなり、損失を最小限にし、利益をしっかりものにする賢い投資が可能になります。

5．あくまで余ったお金で

　投資資金はあくまで自分の所得から生活資金を除いたお金でやりましょう。中には株式投資の利益だけで生活している人もいるようですが、そのような形で成功するのはごくわずかのエキスパートの人たちだけです。そうで

はなく、普通に株式投資をしようという人にとって生活を賭けはじめることは気持ちのゆとりをなくし、失敗への悪循環へとつながってしまいます。

6．日々の情報に敏感に

　株式市場は経済情勢を反映したものです。そしてその経済は生き物であり、刻一刻と状況は変わっていきます。その流れをしっかりつかまない限り株式投資における成功もないでしょう。リアルタイムのニュースはインターネットの普及によりすぐ知ることができます。こまめにチェックしましょう。そして日経新聞を読みましょう。インターネットのニュースに比べて、即時性は劣りますが、日経新聞はニュースの重要性などを加味した上での紙面構成を行っていますし、新聞を読むということは自ずと経済について考える習慣を与えてくれます。インターネットと日経新聞をうまく活用し、経済・株式に強くなりましょう。

7．自ら考えて投資をしよう

　ただ、情報収集にかまけるだけで、それに翻弄されてはいけません。株式投資を始めたばかりの方はとくにそうなりがちですが、情報に合わせて行動し失敗したところでその責任は他の誰のものでもなく、あくまであなたのものです。しかし初心者のあなたでも本書をここまで読んでいただけたなら大丈夫！　第1～3章で必要な知識は身に付いていますし、第4章ではそれを確認したうえで応用力を身に付け、第5章で実際の銘柄選択をリアルに体験しています。自らの考え・判断に自信を持って投資をしていきましょう。

コラム3　「No fun No gain」

——西村さん、よろしくお願いします。そもそもなぜ西村さんがベンチャーというものに興味を持たれたのかということを教えてください。

僕の場合、株式投資を高校3年生のときからやっていて、それがきっかけですね。その頃はITバブルで、メディアに登場する数多くの経営者を見て「かっこいいなー」と、密かに憧れていました。それがちゃんとした形になってきたのは、大学で投資クラブを作ってからですね。僕らの投資クラブは、投資をするだけではなく、いろいろな会社を訪問してお話を伺いに行ったりしていたんですね。会社ってそもそも形のないものだけれど、経営者に会えば何となく見えるんじゃないか？！ということで。その中で多くの魅力的な経営者に出会うことができ、「自分の進むべき道は、これだ！」と思えてきたんですね。僕の中では、スポーツ少年が松井や中田に憧れるのと同じような感じで、経営者に憧れを抱いていたんです。

——では、西村さんの起業にかける意気込みとは？

成功することです。会社を軌道に乗せて、より良い世の中作りに最大限貢献したい。将来的にはベンチャーって言われないようにしたいですね。「100億、200億の規模になりました」っていうところで満足せず、もっともっと大きいことをやってみたいですね。

——熱いハートを感じますね！　では、起業の醍醐味も教えてください。

根本的な部分を決める責任が、全て自分にあるというところです。会社経営に正解はありません。そもそも何のために会社をやるのか、どんな事業をするのか、どんな戦略でいくのか。全て自分で決めるって言ったらそれは独裁になっちゃいますけど（笑）。それは辛いことでもあるんですけど、すごく楽しいですね。その際に重要だと僕が考えているのが、人に相談しちゃいけないということです。相談したらその時点で、思考停止状態になっちゃうと思うんです。もちろん人の意見は参考にするんですけど、最終的な結論は自分で下すように心がけています。

——では、西村さんの哲学みたいなものはありますか？

僕の憧れているタリーズコーヒージャパン代表取締役社長の松田公太さんが「No fun No gain」と仰っているのですが、僕も全く同感です。楽しんでやることが何よりも重要だと思います。あとは常に志を高く持ってアクションを起こすこと。ベンチャーって入口がすごく狭くて、その入口に入るのすら難しいですよね。でもその入口の向こうには無限の可能性がある。チャレンジする前からその可能性を否定したりせず、まずはその可能性に賭けて前進できるだけの志の高さが必要だと思います。そしてもう1つ、常に「自信」と「謙虚さ」をバランスよく併せ持つこと。多くのパートナーと共に事業を展開していく上で、必要ではないかと思っています。

——最後に、ベンチャーを目指そうとする人へのメッセージを頂けますか？

「怖がらずにチャレンジする。」これに尽きると思います。アクションを起こしていれば人や情報が集まってきますし、アクションを起こさなければ何も始まらないままいつの間にか終わっちゃいますからね（笑）

——ありがとうございました。これからも熱いハートで頑張ってください。

西村　琢氏
慶応大学4年時に、松下電器産業の社内ベンチャー制度に応募。300倍の倍率を突破しこの制度の第1号をして、卒業と同時に起業。現在 Sow Corporation（ソウ コーポレーション）代表取締役

おわりに

Agentsから読者の皆さんへ　〜株式投資の意味〜

　株式投資を行なうことで各企業の経営・業績を知り、それを見極めること、各企業の特徴を知ることができます。それは学生にとっては就職活動の一助にもなるでしょうし、社会人にとっても今後の生活の展望につながるでしょう。また、ありとあらゆる資料やニュースを見ることで業界の構造や関連性、日本経済全体の仕組み、日本経済と政治との関連性、世界の政治経済との関連性など、まさに大学の授業では学べない「実体経済」の本質が見えてきます。ただ単にお金を儲けるだけでなく、そのような社会勉強的側面のある株式投資は大いに魅力的です。もちろん自分のお金を動かして自ら老後に備えるための資産運用のツールとしての面も忘れてはならず、そういったことからもやはり株式投資は魅力的です。以上の点から、社会人の方々はもちろん、ぜひ学生のみなさんにも社会に出る一歩前に株式投資というものに触れてみてほしいと思います。

索　引

- ROE ……………………………… 41、42
- ROA ……………………………… 42
- IR ………………………………… 102、174
- ITバブル ………………………… 59
- 移動平均線 ……………… 51、52、112、114
- インカムゲイン ………………… 14
- インサイダー取引 ……………… 28
- 陰線 ……………………………… 51
- 売上高 …………………… 31、32、106
- 営業日 …………………………… 26、98
- 営業利益 ………………… 31、32、106
- M＆A …………………………… 45、46
- 円高 ……………………………… 69、132
- 円安 ……………………………… 69
- 大型株 …………………………… 25
- 大阪証券取引所 ………………… 18
- 大引け …………………………… 94
- 押し目 …………………………… 94
- OPEC …………………………… 79
- 親会社 …………………………… 37
- 終値 ……………………………… 51、110
- 外国人投資家 …………………… 21
- 会社四季報 ……………………… 80
- 乖離率 …………………………… 52
- 格付け …………………………… 54
- 貸し渋り ………………………… 11
- 貸し剥がし ……………………… 11
- 株式 ……………………………… 12、13
- 株式市場 ………………………… 18
- 株式分割 ………………… 14、17、48、120
- 株主資本 ………………………… 41、167
- 株主総会 ………………………… 14、17
- 下方修正 ………………………… 45
- 借入 ……………………………… 11、13
- 為替 ……………………………… 68、132
- 関連企業（会社） ……… 36、37、134
- 機関投資家 ……………… 21、122、146
- 議決権 …………………… 14、17、90
- キャピタルゲイン ……… 14、15、16
- 業種平均 ………………………… 40、43
- 金融政策決定会合 ……………… 135
- 金利 ……………………… 64、65、67
- 経営効率 ………………………… 41
- 経営参加 ………………………… 14、17
- 経済指標 ………………… 60、62、63
- 経常利益 ………………… 31、32、106
- 決済 ……………………………… 98
- 決算発表 ………………………… 38
- 現金同等物 ……………………… 168
- 減資 ……………………… 48、49、126
- 減配 ……………………………… 14
- 権利落ち日 ……………………… 139、140
- 権利確定日 ……………………… 26、140
- ゴールデンクロス ……… 52、53、114
- 子会社 …………………………… 37、134
- 小型株 …………………………… 25
- 国債 ……………………………… 64、130
- 国債優良銘柄 …………………… 130
- 個人投資家 ……………………… 122
- 固定資産 ………………………… 33、35
- 固定負債 ………………………… 33、34
- 財務諸表 ………………………… 133、134
- 指値注文 ………………………… 20、98
- ザラ場 …………………………… 94
- 塩漬け株 ………………………… 16
- 資金調達 ………………………… 12
- 自己資本比率 …………… 35、36、42、100
- 資産 ……………………………… 33
- 支持線 …………………………… 52
- 自社株買い ……………………… 49、128
- 市場心理 ………………………… 60、61
- 市場変更 ………………………… 122
- 下請け会社 ……………………… 36
- 実質経済成長率 ………………… 62
- 仕手株 …………………………… 25
- 四半期決算 ……………………… 37
- 資本 ……………………………… 33、34
- 資本金 …………………………… 33
- 資本政策 ………………………… 12、48
- JASDAQ市場 ………………… 18、19
- シャンシャン総会 ……………… 17
- 週足 ……………………………… 51、110
- 出資 ……………………………… 11、13
- 純資産 …………………………… 36

198

索引

証券取引所	12
上場	12、13
消費者物価指数	63
上方修正	45
剰余金	33
信用売り	118
信用買い	118
スクリーニング	108
ストップ高・ストップ安	20
政策金利	64
税引き前当期利益	31、32
設備投資	65、136
ゼロ金利	64
増資	48、49、124
増配	14
損益計算書	30、31
貸借対照表	33
高値	51、110
単元	23、24
中央銀行	64
中型株	25
中間決算	37、179
月足	51、110
低位株	94
抵抗線	52
ディスクロージャー	38
デイトレード	92
出来高	53、54、116
テクニカル分析	30、50、193
手数料	23、24、92
デッドクロス	52、53、114
当期未処分利益	31、32
東京証券取引所	18、19
当期利益	31、32
投資クラブ	155
TOPIX	75
取引会社	36
ドル高	69
ドル安	69
トレンドライン	51、52
NASDAQ指数	77、138
成行注文	20、98
日銀短観	62
日経平均	58、75
ニューヨーク証券取引所	138
NYダウ	138
値がさ株	25、94
配当	14、26
配当性向	42
配当利回り	14、42、108
始値	50、110
発行済み株式数	14、39、120
バブル	58
日足	51、110
PER	39、100、148
PBR	39、40、100
美人投票	27、54
BIS規制	35
1株当たり税引き後利益	39
ファンダメンタル分析	30、193
負債	33
ボックス圏	52
マネーサプライ	63
ミニ株	23、24
無借金経営	168
目標株価	54
安値	51、110
有価証券	11、13
優待	14、16、26
有利子負債	168
陽線	51
寄付	94
寄付値	96
利益剰余金	168
リストラ	46
利回り	66
流動資産	33、35
流動性	18
流動負債	33、34
REIT（不動産投資信託）	79
連結決算	36
ローソク足	50、110

東京大学株式投資クラブ Agents

代表　福田　浩基
1983年兵庫県生まれ。私立淳心学院から東京大学文科一類に入学。現在東京大学法学部3年生。Agentsの創始者。持ち前の熱い気持ちと行動力でAgentsのメンバーをひっぱり、「株式投資こそが日本を変える！」を合言葉に、日本に株式投資を普及させるべく尽力している。スポーツが大好きで、やるのはサッカー、バスケ、見るのは特にNFLが大好き。

副代表　笹谷　亮介
1983年兵庫県生まれ。私立淳心学院から東京大学文科二類に入学。現在東京大学経済学部3年生。代表福田の理念に共感しAgentsの活動を行う。Agentsでは副代表を務め、HP制作の補助を主に担当。Webページ制作と読書が趣味。

会計　岡田　祐樹
1983年神奈川県生まれ。私立市川高校から東京大学文科一類に入学。現在東京大学法学部3年生。大学のクラスメートでもある他のメンバーと共にAgentsに参加。Agents内では会計として、仕事は地味だがAgentsの財布をきっちり管理し、この団体を陰ながら支えている。趣味は読書とテニス。最近ハマっているのは村上春樹と村山由佳の作品である。

監査　今井　基貴
1983年愛知県生まれ。私立駒場東邦高等学校から東京大学文科一類に入学。現在東京大学法学部3年生。Agentsでは監査を務める。趣味は、美味しい食べ物を探すこと。

広報　加藤　貴裕
1984年京都府生まれ。私立駒場東邦高等学校から東京大学文科一類に入学。現在東京大学法学部3年生。代表福田とはクラスを通じた友人で、彼の誘いを受け株式投資の世界に足を入れることとなる。Agents内では広報として働き、イベント企画時は宣伝に余念を。大学では他にバスケサークルに所属。趣味は読書と早起き。好きな色は青、嫌いな食べ物は我慢して食べる。

総務　星野　宏彰
1983年大分県生まれ。私立岩田高校から東京大学文科一類に入学。現在東京大学法学部3年生。福田と話しているうちに経済への興味が湧いてAgentsに参加。団体内では総務として、どの役職の仕事か定義しづらいものを全般的にやっている。目指すはバランス感覚と考える力を持った大人。

WEB担当　高嶋　諒
1983年東京都生まれ。国立東京学芸大学附属高校から東京大学文科一類に入学。現在東京大学法学部3年生。AgentsではHP制作を主に担当。酒を飲ませるとよくしゃべる、飲まなくてもよくしゃべる。長い休みが取れると旅をするが、日常でも「旅の心」を忘れないよう心がけている。

東大生が書いたやさしい株の教科書

　　　　　　　　　　　　　　2004年　6月15日　　第1刷発行
　　　　　　　　　　　　　　2005年　4月30日　　第22刷発行

著　者　─────　東京大学株式投資クラブAgents
発行者　─────　前嶋　孟
発行所　─────　株式会社インデックス・コミュニケーションズ
　　　　　　　　　オーエス出版株式会社は上記のように社名変更しました。
　　　　　　　　　〒101-0052 東京都千代田区神田小川町3-9-2 共同ビル
　　　　　　　　　電話 03(3295)1658（代表）
　　　　　　　　　http://www.indexcomm.co.jp/
印　刷　─────　壮光舎印刷株式会社
製　本　─────　共栄社製本印刷株式会社
　　　　　　　　　ⒸAgents 2004,Printed in Japan.
　　　　　　　　　ISBN 4-7573-0233-9 C0033

定価はカバーに表示してあります。乱丁・落丁本がございましたらお取り替えいたします。本書の内容の一部あるいは全部を無断で複製複写（コピー）することは法律で認められた場合を除き、著作権および出版権の侵害になりますので、その場合はあらかじめ小社あてに許諾を求めてください。